ネットビジネス進化論 第2版

eビジネスからクラウド,
ソーシャルメディアへ

Net Business Evolution

中村忠之【著】

Tadayuki Nakamura

中央経済社

はじめに

　本書に先立ち出版した『eビジネス教室』から早くも7年，この間に本書『ネットビジネス進化論』の初版本を2011年に出版してから4年の歳月が経ったが，この分野の進化はまさにイノベーションの連続といっても過言ではない。

　本書はいわゆるネットビジネスのハウツー本ではなく，ITやネット，それに関わる社会や経営などの最新の知識を「ネットビジネス」という切り口で理解していただくために執筆したものである。大学でのテキストや広く一般の社会人の方々にも手軽に読める教養書としても利用されるように時代の流れも含め，幅広い分野をカバーできるように配慮したつもりである。その結果，多くの大学で教科書として採用され，『日経コンピュータ』の書評に取りあげられたり，公立図書館のおすすめ本に推薦されたりと，思いがけない評価を受けた。しかし近年のITの発展と最新のネットビジネスの進化を紹介するため今回の改定に至った。

　改定の主な点はここ数年のネットビジネスでの中核となるテーマを盛り込むために内容の取捨選択を行ったこと，統計データや図表などもできる限り最新の情報を反映させたこと，さらに全体的に表現などをわかりやすくしたつもりである。

　本書の第1章でも述べているように，ネットの世界は今やeビジネスの流れの中での第3段階に入りつつあり，「e」という道具がマイクロプロセッサとモバイルになり，「ビジネス」は人を介さないモノとモノとのつながりが主要な部分を占めるようになってきてい

る。まさに最近いわれているIoT（Internet of Things），「モノとモノとのインターネット」そのものである。この分野がいずれは新しいスマートなプラットフォームとして社会のインフラストラクチャの一翼を担うことは間違いない。

　人やモノによる情報の流通を支えてきたインフラストラクチャには米国を例にした55年周期説といわれるものがある。それによると各インフラストラクチャの中心となる年として，運河が1836年，鉄道が1891年，高速道路が1946年，そして情報通信網が2001年といわれている。この周期が繰り返されるとすれば2001年から55年先の2056年前後には新しいインフラストラクチャによる情報流通が行われている可能性がある。

　一方，最近学会等で取りあげられている「シンギュラリティ」という言葉がある。シンギュラリティ（Technological Singularity：技術的特異点）とはコンピュータの進展，もしくは従来と考え方の異なるコンピュータの出現により，人工知能が人類の知能を超える時点を意味している。ご存知のようにすでに現在のコンピュータでもチェスや将棋のプロを破り，IBMの人工知能Watsonはクイズ番組で人間のチャンピオンに勝利し話題となった。

　この分野で有名な米国の未来学者Ray Kurtzweilはその時点が2045年と予測している。

　もしかしたら2050年前後には人工知能による全く新しい情報流通のインフラストラクチャの出現の可能性を示唆しているのではないだろうか。

　その2050年頃には，人間が人工知能を支配できているのか，人工知能が人間を支配しているのかはこれからの人類の知恵に委ねなけ

ればならないかもしれない。もはやデータや情報が産業の資源や原動力であり，ネットは核兵器以上の軍事的兵器にもなりつつあり，これからの世界の覇権を握る最強のツールともなっている。

　前著『eビジネス教室』の"はじめに"で述べたように，我々とネットとの関わり方については今でも変わっていないので再度書き留めておきたい。

　　　　"ネットビジネスの進展は新しい社会での価値観の多
　　　　様化への対応の可能性を秘めているが，必ずしも明るい
　　　　側面ばかりではない。その逆の面も顕在化していること
　　　　を忘れてはならない。"

　最後に，広範囲の分野を網羅するため多くの資料を参照させていただいた。引用もしくは参考にさせていただいた書籍，文献，ウェブサイト上の資料の著者の方々にこの場を借り深くお礼を申しあげる。ネット上の資料はそれらの検索で容易に該当資料を閲覧できるので最新のデータを参考にしていただきたい。また，浅学・非才の身であるがゆえに誤解や気づかなかった点も多々あると思うので読者の叱責をお願いする次第である。

　快く改訂版の出版を引き受けてくださった中央経済社経営編集部編集次長の酒井隆氏には大変お世話になった。ここに深く感謝申しあげたい。

　2015年1月　横浜港の明かりを眺めながら

　　　　　　　　　　　　　　　　　　　　中村　忠之

目　　次

はじめに

第1章　eビジネスからネットビジネスへ

1　eビジネスという言葉………………………………………… 1
2　eビジネスからネットビジネスへ………………………… 3
3　ネットビジネスをとりまく環境…………………………… 6
4　ネットビジネスの社会へ…………………………………… 9

第2章　情報と情報化

1　情報の語源……………………………………………………13
2　情報とは………………………………………………………15
3　情報の性質……………………………………………………16
4　情報化とは……………………………………………………19

第3章　サービスの価値化

1　サービスという言葉…………………………………………27
2　サービス業……………………………………………………31
3　所有から利用へ………………………………………………33
4　ITサービス……………………………………………………34
5　サービスサイエンス…………………………………………37

第4章　情報処理とコンピュータ

1　デジタル情報 ……………………………………………………41
2　情報処理 ……………………………………………………………42
3　コンピュータのネットワーク化 ……………………………45
4　処理形態とその変遷 …………………………………………46
5　クラウドコンピューティング ………………………………51

第5章　インターネットとウェブ

1　インターネットの発展 …………………………………………57
2　インターネットのサービス …………………………………60
3　インターネットの仕組み ……………………………………62
4　モノのインターネット（IoT） ………………………………67
5　ウェブ ………………………………………………………………69
6　オープン化と標準化 …………………………………………71

第6章　新たな経験則とWeb2.0

1　ムーアの法則 ……………………………………………………73
2　メトカーフの法則 ………………………………………………75
3　ロングテール現象 ………………………………………………76
4　集合知 ………………………………………………………………79
5　Web2.0 ……………………………………………………………80

第7章　経営手法と情報システム

1　経営情報システム………………………………………………85
2　経営情報システムの発展過程………………………………87
3　サプライチェーンマネジメント………………………………90
4　顧客管理…………………………………………………………95

第8章　電子商取引

1　電子商取引とは…………………………………………………99
2　電子商取引の分類……………………………………………100
3　電子商取引の機能……………………………………………102
4　電子商取引のメリットとデメリット…………………………103
5　B to B…………………………………………………………106
6　B to CとC to C………………………………………………109

第9章　ビジネスモデル

1　ビジネスの変化………………………………………………113
2　ビジネスモデルとは…………………………………………115
3　ビジネスモデルの収入源……………………………………116
4　代表的なネットビジネスモデル……………………………118

第10章　ソーシャルメディア

1　ネットコミュニティの活用……………………………………127
2　ソーシャルメディア……………………………………………128

3 ブログとミニブログ ……………………………………………… 131

4 ソーシャルネットワーキングサービス ………………………… 133

5 クチコミサイト …………………………………………………… 137

第11章　インターネットマーケティング

1 マーケティングの概念の変化 …………………………………… 141

2 消費者の購買行動………………………………………………… 143

3 インターネットの活用…………………………………………… 144

4 インターネット広告 ……………………………………………… 145

5 インターネットマーケティングの展開………………………… 150

第12章　電子決済とRFID

1 電子決済の必要性………………………………………………… 155

2 主な電子決済システム…………………………………………… 156

3 電子マネー ………………………………………………………… 160

4 RFID ……………………………………………………………… 162

5 EPC ………………………………………………………………… 164

第13章　情報セキュリティ

1 セキュリティとは………………………………………………… 167

2 セキュリティの分類 ……………………………………………… 169

3 セキュリティ対策………………………………………………… 170

4 情報セキュリティの現状 ………………………………………… 174

5 OECD新セキュリティガイドライン…………………………… 178

第14章　ネット社会の倫理と法

1. 新しい変化 ………………………………………………… 181
2. 倫理と法 …………………………………………………… 182
3. 個人情報の保護 …………………………………………… 185
4. 知的財産 …………………………………………………… 188

第15章　ネットビジネスイノベーション

1. イノベーションとは ……………………………………… 193
2. ネットビジネスとイノベーション ……………………… 194
3. IT戦略 ……………………………………………………… 196
4. 進化するモバイル端末 …………………………………… 198
5. スマートなプラットフォームへ ………………………… 201
6. インフラストラクチャへの課題 ………………………… 205

索　引／ 209

第1章 eビジネスからネットビジネスへ

　この章ではネットビジネスの先駆けとなった「eビジネス」という言葉の誕生から，「ネットビジネス」への進化について述べる。また，ネットビジネスというネットワーク中心のデジタル情報を扱う活動に関り合いを持つ分野について紹介するが，それは本書がこれから述べていく範囲でもある。さらに，この新しい分野が情報社会の中で今までとどのように変わっているのかについても概観する。
　eビジネスについて理解を深め，そのポイントを知ることでネットビジネスの基礎となる全般的な知識を学ぶことを本章では目的とする。

1　eビジネスという言葉

　「eビジネス」という言葉が誕生してまだ20年程である。この言葉の誕生については，当時のIBM会長，ルー・ガースナー（Louis V. Gerstner, Jr.）が退職後，巨大企業IBMをいかに再建したかについて彼がIBM在職中の回顧録としてまとめた『巨象も踊る』（*Who Say's Elephants Can't Dance?*）に詳しく述べられている。その中で，eビジネスという言葉が必要となった理由を次のように述べている。

> 「情報スーパーハイウェイ」や「e-コマース」といった言葉では，われわれの見方は十分につたえられない。デジタル情報や電子商取引を超えて，われわれが見ているものを，情報技術業界や顧客，そして社員にも理解してもらえる言葉が必要だった。

図表1-1 ◆ IBMがキャンペーン展開時に使用したe-ビジネスロゴ

　まさしくこのeビジネスという言葉が来るべき，コンピュータとネットワークがつながった新しいビジネスを表現し，その後のクラウドコンピューティングをも見通したものであった。さらに同書によると，1995年秋，ネットワークセントリックコンピューティング（network centric computing）をIBMの戦略的ビジョンの中心に据える決定をして，社内からそのスローガンとなる言葉を募集し，翌1996年，ウォール街の証券アナリスト向けの説明会で，経営幹部が始めてeビジネスという言葉を披露したと述べられている。1990年代中頃はまさにパーソナルコンピュータ（パソコン）とインターネットが家庭にも普及し始めた時期であり，マルチメディアの技術も一般化され新しいビジネスが台頭してきた。

　IBMは「eビジネス」という言葉を商標登録せず，図表1-1にある「e」のロゴデザインのみを登録した。このため，本来「electronics」を意味する頭文字の「e」が「easy（容易な）」の「e」を連想し，また，日本語でも「e＝いい＝良い」のイメージを持つため，英語や日本語で「e」を付けた言葉が使われ，IT（Information Technology：情報技術）を利用したものであることを示している。なお，IBMでは「e-ビジネス」（e-business）と表記している。

2 eビジネスからネットビジネスへ

　eビジネスという言葉の誕生の背景を知ると，ネットビジネスの意味も理解しやすい。それまではコンピュータネットワークを利用した電子商取引（EC：Electronic Commerce）が行われていたためか，eビジネスを単に電子商取引の拡張ととらえる考え方が多かった。しかも電子調達や他の企業との取引に関する企業活動に電子ネットワークを利用することがeビジネスであるとの説明もある。しかし，英語の「business」には「商売上の活動」の他に「人が関わる活動」という意味合いもある。したがって，eビジネスの本質は単なる「commerce」をはるかに超えて，経済的，企業活動的なものから社会的，日常生活的な面をもカバーするものであり，ネットビジネスも本質的に同じである。

　コンピュータとネットワークを利用した距離の隔てた当事者間での取引は，コンピュータがオンラインで利用されるとともに始まった。専用回線を用いてのオンラインシステムは，日本では1960年代から同じ銀行の本支店間の取引や，当時の国鉄（現JR）の座席予約などのために使われ始め，1970年代には銀行間の取引システムを始めとする他企業との取引などに使われてきた。その後，技術の発展とともにパソコンを活用した企業の情報システムも進化し，業務の処理時間の短縮や人件費の削減，受発注情報に基づいた販売計画や生産計画の策定などが容易にできるようになった。また，インターネットの出現で複数の企業との取引に多額の投資をしてシステムの開発をする必要がなくなり，企業間では広範囲にわたるデータや情報の交換が活発に行われるようになった。

図表 1-2 ◆ eビジネスとは

　大事なことは，eビジネスは単に電子商取引のことをいうのではなく，インターネットを使った様々な活動を意味するということである。ネットによる個人や企業の活動，取引も増えてきて，ネットワーク中心の情報処理が社会的なシステムとしてあらゆる活動において中心的な役割を果たすようになってきている。

▶ ネットビジネスのとらえ方

　eビジネスがコンピュータとネットワークのつながったビジネスをいっているとすると，それはコンピュータとネットワークという「e」の部分と「ビジネス」というあらゆる分野の活動とのコラボレーションとなる。

　このように考えると，eビジネス以前のコンピュータと専用回線を利用したビジネスも当然eビジネスである。また，これからの社会では現在のパソコンとインターネットという組み合せに加えて，小さなマイクロプロセッサを内蔵したICチップが様々な機器に組み込まれてコンピュータとしての役割を果たすようになってきている。しかもその通信は人を介在することなく，モノとモノとのコミュニケーションが有線ではなく無線によって行われる社会である。この組み合せもICチップと無線という道具が我々の日常活動の中に取り入れられeビジネスと同様の考え方を適用できる。

図表1-3 ◆eビジネスのとらえ方

e			ビジネス
道　　　具			活　　　動
コンピュータ		ネットワーク	
① コンピュータ	＋	専用回線	企業と企業
② パソコン	＋	インターネット	人と人
③ マイクロプロセッサ	＋	モバイル	モノとモノ

　図表1-3に示すようにeビジネスを「e」という道具の部分と「ビジネス」という活動の部分の2つを組み合わせた「e」+「ビジネス」と考えることができる。また，道具の部分はコンピュータとネットワークに大きく分けることができ，それらの組み合わせも①→②→③という順序で進化してきたと考えられる。また，一般的に①では企業と企業同士の活動が主であり，②では人と人，③ではモノとモノとのコミュニケーションが多くを占めるようになってきた。

　しかし，eビジネスの時代では上述の道具の部分のコンピュータとネットワークの区別が我々個人にもわかりやすかったが，eビジネスが発展していくとともに情報通信技術も急速に進歩した。それにより，特にコンピュータやパソコン，マイクロプロセッサの存在を我々は徐々に意識しなくなり，ネット中にコンピュータという道具が現実的にも組み込まれてしまうのがネットビジネスの社会である。まさにコンピュータの中身を知らなくてもネットがあればビジネスができる環境になりつつある。次頁の**図表1-4**にネットビジネスのとらえ方をeビジネスからの進化という形で示したが，コンピュータとネットワークを別々にとらえていたeビジネスの時代からネットワークとコンピュータが融合したネットビジネスの時代へと変化している。

図表1-4 ネットビジネスのとらえ方

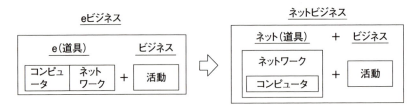

▶ ネットビジネスの特徴

ネットビジネスの特徴としては以下の2つをあげることができる。

> ①ネットワーク技術を主としたITを利用していること
> ②モノ，サービス，情報などの処理や伝達を行っていること

しかし，ただ単にモノやサービス，情報などの交換や売買だけでなくその取引や流通のプロセスでの作業や業務の効率化，さらにはコストの削減，ネットワーク上でのビジネスの拡大を目指している。また，いかに協力会社と連携し市場の要求に応えていくのか，いかに差別化を図り顧客の囲い込みを行っていくのかなど，競争への取り組みも求められる。また，今までに経験をしたことのない状況下でのビジネスモデルの創出や，インフラストラクチャの構築などへの挑戦もネットビジネスならではの特徴である。従来の企業活動を中心とした市場が生産から消費までの流れ全体を消費者に主体を置いた市場活動となり，これらの活動が消費者にとって様々な功罪をもたらすことも忘れてはならない。

3 ネットビジネスをとりまく環境

ネットビジネスと関わり合いを持つ分野にどのようなものがある

図表 1-5 ◆ ネットビジネスの環境

のだろうか。**図表 1-5**に示すようにネットビジネスを取り巻く分野，あるいはそれを構成している要素は多岐にわたるが，この範囲がネットビジネスを学問的にとらえたときの対象領域ともいえ，様々な学問が関係する学際的な分野である。この図表に示されている各レイヤーを上から参加者，社会，技術，企業，活動，支援という観点から以下に説明を加える。

❶ 参加者

　ネットビジネスを実際に行う個人，グループ，団体，企業でネットビジネスのプレイヤーである。特に，この分野ではプレイヤー自身の情報リテラシーの向上とプレイヤー間の情報格差（デジタルディバイド：digital divide）をなくすため，地域や国のレベルでの対応が必要である。

❷ 社　会

　社会論的にネットビジネスをとらえるならば，それはこれからの

情報社会と深く関わっている。ネットビジネスを単にコンピュータとネットワークの利用としてとらえるのではなく社会の基盤，ビジネス，プロセス，ITなどとの相互作用としての視点が必要なのはいうまでもない。

❸　技　術

　いわゆるITがネットビジネスの技術そのものである。したがって，これらのITの進化に負うところが多いが，高齢化社会になることを考えると機器の使いやすさ，マンマシンインターフェースの改善やユニバーサルデザインへの配慮などの操作性や標準化も重要である。

　なお，情報通信技術がIT（Information Technology）とICT（Information Communication Technology）の2つの言葉で使われているが内容は基本的に同じであり，本書ではITを使用する。

❹　活　動

　このレイヤーは企業活動そのものであるが，今までの企業活動に加え，ネットワークを活用した取引という新たな領域において，生産から物流，販売，広告・宣伝にいたるまでの新しい経営手法が生まれ，あらゆる活動においてネットビジネス特有の対応が求められる。ここでも当然のことながら常に消費者優先を第一に考えるのが企業活動の基本である。

❺　支　援

　ここにはネットビジネスに直接関係しない分野もあるが，今まで経験しなかったデジタル情報を扱うネットビジネスという点で新たな対応が求められる。ネットワークシステムをひとつのインフラス

トラクチャとしてとらえるなら，長期にわたっての使用に耐えるシステムの信頼性，特にソフトウェアの品質が問われる。また，異機種接続などのオープンな相互運用性を確保するのもネットビジネス発展のために不可欠である。さらに認証・決済機能，プライバシーの保護，知的財産権などにネットビジネス特有の対応が求められる。ネットという仮想の世界を相手にしたときにも現実社会と同じ規範や秩序が求められるが，現行の諸制度では対応しきれない課題なども考えられ，今後のネット社会の発展には迅速な対策が望まれる。

　このようにネットビジネスを取り巻く環境は人間系，社会系，経営系，情報系のシステムであり，それらが相互に影響を及ぼす中で，ネットビジネスは社会のインフラストラクチャの一翼を担うものである。

4　ネットビジネスの社会へ

　現代社会は情報の観点からどのように呼ばれているだろうか。情報社会，IT社会，高度情報化社会，情報ネットワーク社会などまだまだ他に多くの呼び方がなされている。この情報社会を最初に具体的に世の中に示したのはおよそ35年前に出版されたアルビン・トフラー（Alvin Toffler）の『第三の波』（*The Third Wave*）であろう。同書によると，農業革命による食物の大量生産をもたらしたのが第一の波である。産業革命を起点とした工業化によるモノの大量生産が起こったのを第二の波と呼んでいる。そして，この後に来るのは第三の波であると予測したが，トフラーはそれを情報社会という呼び方をしてはいない。

　この第三の波の文明について「組織化された大量の情報を，自由に操れるようになるだろう」とか「これまでの人間相互のコミュニ

ケーション手段の提供に加えて，第三の波はこうした手段を倍加するし，歴史上はじめて機械同士のコミュニケーション，すなわちコンピュータ群と会話を容易にする」と，まさに今日の情報社会の到来を予想していた。しかも，「製造業が高度化すればするほど非マス化は進み，商品は特注化し，消費者の生産活動への参加はますます必要とされるようになる」と述べている。これは個人嗜好の多様化により，少品種大量生産から多品種少量生産への変化のことで，消費者が自分の望む仕様に合ったカスタマイズされた製品を手に入れることを予測していた。近年脚光を浴びている３Ｄプリンタもその一例であろう。

　日本における情報社会がいつ頃から始まったかについては諸説があり，コンピュータの普及と時を同じくしていると見るのが妥当で今日まで３つの段階があった。

　第１の段階は1960年代後半から1973年のオイルショックまでの時期である。高度成長がほぼ終わりに近づいた頃で，ある程度の生活水準が確保され，物質的にも豊かになり，今後どのような進路をとるべきかに社会の関心が高まった。その背景には単に生活の利便性や生産効率をあげるという考え方から，生産や業務の質に焦点が当てられ，それをいかに向上させるかが大きな課題となった時期である。そして，その課題を解決するのがコンピュータを中心とした情報化であると考えられた。

　この頃はコンピュータの第１世代～第３世代といわれた時期で，企業内の数台の大型コンピュータを中心としたスタンドアローンの使用形態からオンラインリアルタイムの使い方へと移行していく頃で，コンピュータと社会生活との関わりも多くなっていった。

第2の段階は1980年代に入ってからである。この時期はコンピュータもいわゆる第5世代機が登場し，ネットワーク化へとその使用形態も変わってきて，産業主導型から生活主導型への使用にその比重を増してきた。このようなITの進展が小売業におけるPOS（Point Of Sales：販売時点情報管理）システムの導入に代表される流通の合理化，ATM（Automated Teller Machine：現金自動預払機）の普及による金融機関のサービスの効率化などの利便性を我々の生活にもたらした。また，一般の企業ではワープロ，パソコンの導入によるオフィス業務の合理化が飛躍的に進み，家庭ではVTR，ビデオゲーム機，衛星放送受信機のような新しい製品が好まれた。

　また，この時期の特徴はITの発展による情報機器の出現と情報化政策の推進に政府自らが非常に積極的に取り組んだ時期でもあった。

　第3の段階は，まさにeビジネスからネットビジネスへの時代である。コンピュータとネットワークの飛躍的な発展と融合，言い換えると企業や一般家庭へのパソコンとインターネットの普及によって今まで我々が経験をしたことのない社会が訪れ，日常生活でもパソコンやインターネットが今や必需品となっている。しかし，いまだ日本が情報社会の面で世界のトップレベルかどうかは議論のあるところであろう。

　情報社会という切り口で従来の社会とネットの社会とのマクロな比較を**図表1-6**にまとめてみた。当然のことながら画一的に区別することは難しく異論もあるだろうが，その状況を表すキーワードで分類を試みた。これらの内容については後の章でも取りあげていく。

　このような環境下でネットビジネスの最大の資産と考えられるも

図表 1-6 ◆ 従来の社会とネットの社会

	従来の社会	ネットの社会
社会	同質型 集権化 垂直型 (階層型)	異質型 分権化 水平型 (ネットワーク型)
市場	メーカー主導 ローカル	消費者主導 グローバル
生産	計画重視 少品種大量生産	需要重視 多品種少量生産
技術	集中システム 単一ネットワーク 公的標準	分散システム マルチネットワーク 事実上の標準
メディア	受信者≠発信者 (一方向)	受信者＝発信者 (双方向)
価値	モノ	情報・サービス
資産	有体物	無体物 (情報・サービス)

のが形のない「情報」や「サービス」であり，これらの利活用が我々の日常生活や企業のビジネスに大きな役割を果たすようになっている。

◆引用・参考文献

1) Louis V.Gerstner,Jr.: Who Says Elephants Can't Dance?, Harper Collins Publishers, 2002.（山岡洋一，高遠裕子訳『巨象も踊る』日本経済新聞出版社，2002.）
2) Collin Combe: INTRODUCTION TO E-BUSINESS, Butterworth-Heinemann, Publishers 2006.
3) 加藤英雄『ネットワーク経営情報システム』，共立出版，2004.
4) アルビン・トフラー，徳岡孝夫監訳『第三の波』，中央公論社，1982.
5) 折笠和文『高度情報化の諸相』，同文舘出版，2002.
6) 吉井博『情報のエコロジー』，北樹出版，2002.

第2章 情報と情報化

　「情報」という言葉はネットビジネスを考える上でのキーワードである。
　この言葉は,「文化」や「サービス」といった言葉と同様に日常一般的に誰もが使っている言葉で,その定義は人により異なるが,定義をお互いに確認することもなくコミュニケーションできる言葉である。しかも,これらの言葉は「情報社会」,「日本文化」,「無料サービス」など様々な言葉を前後に付けることができ,その意味合いも多様であるといわれる。
　本章では情報とは何かについて理解し,その言葉の誕生と語源を探ってみるとともに,情報そのものの多様な性質を論じる。また,「情報化」ということについても,どのような指標に基づいてそれが進んでいると判断するのかについて考えてみる。

1 情報の語源

　「情報」という言葉は他の多くの日本語と異なり中国から輸入されてきた言葉ではないといわれている。

　数年前までは作家,森鴎外が軍医時代に翻訳した『戦争論』(1903年)の中でドイツ語「nachricht」の訳語として「情報」という言葉を造語して,使用したといわれていた。しかし,最近の研究によると,それより先1876年に陸軍少佐,酒井忠恕が『佛國歩兵陣中要務實地演習軌典』という訳書を出版している。現存する書物の中で

13

情報という言葉が使われているのはこの訳書がもっとも古く，最初に使われたと見られている。それまでは情報に相当する言葉として「敵情の報知」や「敵情の報告」が使われていたという。酒井は情報を「敵の情状の報せ，ないしは様子」という意味で使用したといわれ，情報は敵の「情状の報知」を縮めたと解釈されている。

　このように情報の語源は今から140年程前の明治9年にさかのぼり，原語はフランス語の「renseignement」であり軍隊用語として使われていた。

　また，新聞では1894年～1895年の日清戦争の記事に情報という言葉が使われ始め，一般の人々の目に触れるようになった。その後は1904年～1905年の日露戦争でかなり一般化したといわれ，国語辞典では1904年の『新編漢辞林』に「コトワケノシラセ」と説明されているといわれるが，軍事用語というよりも日常語の説明と理解できる。

　『広辞苑』の初版から紐解いてみると，「情報」という言葉の変遷が分かりやすい。1955年の第一版では情報は「事情のしらせ」となっている。この頃からすでに一般的な説明と読み取れるが，その用例は「情報局」というどちらかというと軍隊関係の用語を連想させる当初の意味合いを持ったものである。1969年の第二版ではコンピュータが普及し始め，情報が学問の対象となってコンピュータサイエンスという学問領域も新たに出現し，それに伴って情報理論が一般化した頃である。情報の説明も「（information）或ることがらについてのしらせ」となっている。1983年の第三版では第二版の説明の他に第②義として「判断を下したり行動を起こしたりするために必要な知識」が加わり，我々が本来的に使っている意味が付け加えられた。1992年の第四版の説明は第三版と同じであるが，情報という言葉に多様な意味合いが込められて使われてきたためか，その

用例も多岐にわたっている。1998年の第五版では第②義には「種々の媒体を介して」という説明が加わり，「判断を下したり行動を起こしたりするために必要な，種々の媒体を介しての知識」となり，多様な媒体の普及が読み取れる。最新版である2008年に出版された第六版では語義は第五版と同じであるが，用例が16から24へと増え，情報という言葉の広がりを表している。このように改版ごとに情報という言葉に対してその時代を反映した説明や用例が適宜見直されている。

なお，情報という言葉が中国からの伝来でないため，中国では情報には「信息」という言葉を使っている。また，日本では訳語という使われ方だったためか，その構成する漢字が本来意味する「情に報いる」という意味を持ったことはない。

2 情報とは

岩波新書『情報ネットワーク社会』の冒頭で今井賢一は「情報」について以下のように述べている。

> 「情報」という言葉は，まことに不思議な言葉である。現代社会をつかむうえでカギとなっている概念であるにもかかわらず，人々が共通に理解している定義のようなものが固まっているわけではない。むしろ人々は情報という用語に，それぞれの見方から多様な意味を与え，さまざまなイメージを持っているのが実態であろう。

まさにこの文章が「情報」というものを的確に表現していると思われる。一般的に情報はある事柄を伝える送り手（発信者：情報源）とこれを受ける受け手（受信者）がいて，送り手から発せられたある事柄は相手に受け止められて初めて情報になる。

しかし，この情報も分野が異なれば違うように解釈される。例えば，社会科学の分野では情報は我々が普通コミュニケーションと呼

んでいるもので，記号などによって表現され伝達される思想や意味として扱われてきた。ところがコンピュータ科学では情報の内容よりもその形式に着目するため，情報を「1」と「0」からなる符合の羅列としてとらえ，その形式に注目して機械的な処理と伝達を可能にするものと考えられている。このことは1940年代の情報理論の始まりとともに，文科系の用語を理科系でも使用したために意味の範囲が広がったと理解できる。

3 情報の性質

　同じ事柄をいうにしても，その表現方法や媒体が異なれば違った表現になる。例えば部屋の窓から見える風景という情報を表現するには，絵に描く，写真に撮る，文章に書く，口頭で表現するなどの方法があり，あるひとつの風景を多くの表現方法で表わすことができる。さらに，その写真を見ながら文章にすることもできるが，その写真を100％文章で表現することは不可能で実際の風景を見て文章で表現したものと異なるはずである。このように情報源や表現方法によって差が生じるのも情報の特質であり，表現形式を変えると情報の一部が欠落したり，新たな情報が付加されたりするためである。人間はほとんどの場合，五感から入ってくる情報によって次の行動を決定しているので情報の利用には常にその評価と判断が付随していて，あらかじめ評価の基準を作り，その基準に基づいて集めた情報を検討し判断すると考えられる。

　情報には正しい情報も偽の情報も存在するし，意図的にある結論への誘導を目的とした情報を与えられる可能性もある。特にネットの世界では相手の見えないバーチャルな世界であるため，この点に十分注意する必要がある。したがって情報の取り扱いで重要なことは，ひとつの情報源からの情報で判断するのではなく，必ず他の情

報源からの情報と比較検討する検証（クロスチェック）により偽の情報を排除する必要がある。それには日頃から信頼のおける情報源を複数確保しておくことが重要なポイントである。

　情報は形のある有体物と異なり無体物であり，その性質も実体がなく抽象的であるが故に上述のような特質を持っている。情報の多様な性質については以下の❶〜❿のようなものが考えられる。

❶　保存している媒体とは別物である

　有体物ならば，同じ筆記用具でも鉛筆なら鉛筆，ボールペンならボールペンそのものを指すことができる。しかし情報が含まれている本を指してもそれは本という有体物を示していて情報を指すことはない。つまり保存されている物理的媒体と情報とは別物で，分厚い大判の辞書1冊と同じ内容を1枚のCDにも電子辞書のメモリにも収容できる。

❷　複製を容易にできる

　最近は情報を低コスト，短時間でコピーすることが可能である。すなわち印刷物や写真の複製，CDやDVD，ハードディスクの内容などをモノと違って簡単にコピーすることができ，それがデジタル情報であれば，ほとんど劣化することなく何度でもコピーできる。

❸　取引の対象になり，受け手の必要性で価値が決まる

　データや資料，ソフトウェアなどは情報財として価値があり売買の対象となる。しかも，同じ情報でも受け手がその情報を必要とするかどうかでその価値が決まるので，必要としない人にとっては何の価値ももたらさない。

④ 保存はきくが，価値は時間とともに下がる

情報は長時間，場所もあまり取らずに保存しておけるが，時間とともにその価値は下がる。旬な情報には価値があるが，時間の経過につれて多くの人に知れわたるとその価値は減っていく。つまり情報の陳腐化が起こる。

⑤ 少ない情報ほど価値がある

情報の価値は知っている人の数に反比例するといわれる。ニュースの特ダネは他の人が知らないから価値があり，万人が知っている情報は特ダネにはなりえない。

⑥ 多くの情報源から得たほうが正確性は増す

少ない情報よりも複数の情報源から多くの情報を収集して分析，検討した方がより正確な情報を手に入れることができる。正確な情報を得るには先に述べたクロスチェックが必要である。

⑦ 意味としての重みがあり，物理的な重みはない

情報は実体のない概念といえるもので，その情報量は書かれた情報であれば文字数やバイト数で計測できるが，意味としての重みを物理的な重量として計ることはできない。

⑧ 共有したり伝達したりできる

情報は伝達されることでその存在価値があるといえる。ITの進化とデジタル化することで瞬時に複製や伝達が可能で容易に共有できるので，一般的な情報を独占することは困難である。

⑨　雑音や曖昧さを伴う

　情報検索をすると不必要な情報も提供されることをよく経験する。また，人間同士の会話では周囲の雑音によって聞き取れなかったりする。しかし情報に曖昧さを伴うこと，つまり冗長さを持つことで欠けた部分を補い意味を伝えることもできる。

⑩　人間の行動を左右する

　人間が意思決定をして次の行動に移るには何らかの情報に依存している。また，その行動結果は新たな情報を入手し判断することによって次の行動へとつながっていく。このように人間の行動はすべて情報を収集し，分析，判断をする行為を繰り返している。

4　情報化とは

　「情報社会」は「情報化社会」といわれることがある。その違いは「情報化社会」という言葉にはこれから情報化するために情報通信技術の開発が必要であるというニュアンスが含まれ，1960年代後半から70年代にかけての言葉である。つまり，情報化とは一言でいえば情報の利用が進むことである。一方「情報社会」にはもう情報化は相当程度進行している。これからなすべきことは情報通信のインフラストラクチャやサービスの整備であるという意味が強く，1980年代から使われ始めた。これらの定義及び我々の感覚でいうと，情報化という作業はすでに終了し，我々は情報社会を享受しているといえるので本書では「情報社会」を用いる。

　しかし何をもってこの分野の情報化が進んでいる，進んでいないというのであろうか。我が国の情報化は他国と比べてどうだとか，当社は他社と比べ情報化が進んでいるとか，同じ社内でも生産部門の情報化は進んでいるが営業部門は遅れをとっているとかいわれる。

社会の情報化とはどのようにとらえるのだろうか。ここでは一般的といわれる4つの指標を取り上げて検討してみる。

❶ 情報通信機器や情報家電の発達と普及

　この指標は誰もが情報化といわれたときに思いつく指標であるが，企業と家庭の2つの面で考える必要がある。企業においてはコンピュータを中心として半導体技術の発達とともに各種周辺機器の普及を見ることができる。また，小型化技術により，パソコンを始めあらゆる機器や道具にマイクロチップが組み込まれ，機能の高度化に寄与し，産業界にパラダイムシフトをもたらしている。これらの技術は家庭用電化製品やカーナビにも波及し，携帯電話やスマートフォンのように無線ネットワークを活用した機器も情報化に大きく貢献している。

　図表2-1にインターネット利用者数及び人口普及率の推移，**図表2-2**に主な情報通信機器の世帯普及率を示してある。

図表2-1◆ インターネット利用者数及び人口普及率の推移

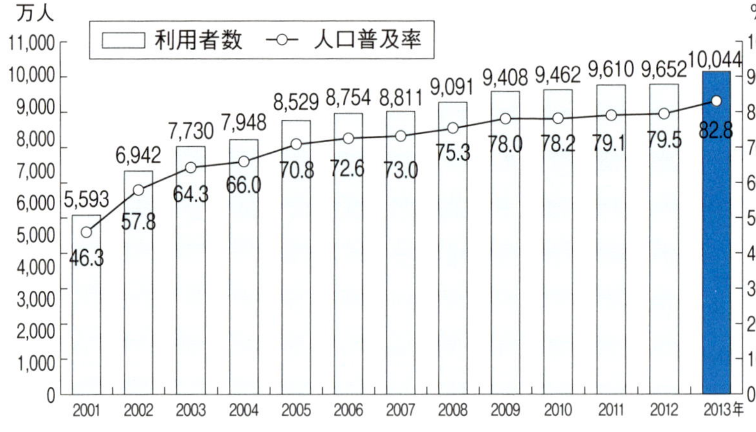

出所：総務省『平成25年通信利用動向調査』

図表2-2 ◆ 主な情報通信機器の世帯普及率

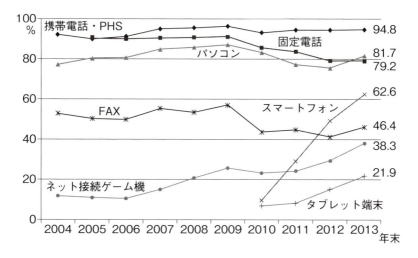

出所：総務省『平成25年通信利用動向調査』から作成

注：「携帯電話・PHS」にはスマートフォンを内数に含んでいる。なお、スマートフォンを除いた場合の保有率は2012年末は81.2％、2013年末は76.5％である。

総務省の『平成25年通信利用動向調査』によると2013年末のインターネット利用者数は前年と比べて392万人増加し10,044万人（＋4.1％），人口普及率は82.8％（＋3.3％）であった。ここ数年インターネットの普及率は鈍化し，利用者にほぼ行き渡ったと考えられる。なおこの調査の対象年齢は6歳以上である。図表2-2で分かるように，携帯電話，スマートフォン，タブレット端末の普及によって固定電話の普及率が低下傾向になっている。

❷ 情報量の増大

メディアや情報関連産業の変遷により，様々な形態で情報がやり取りされることが社会生活の基盤をなしている。今後も各種施策を展開する上で，情報化の進展状況を把握することが不可欠な基礎的

作業ととらえ，総務省では過去30年間にわたって「情報流通センサ
ス」を毎年実施し国内の情報流通量を計量してきた。しかし，これ
に代わる新たな情報流通量指標として「情報流通インデックス」と
いう新たな指標で2001年度から2008年度までのデータを公表してい
る。その基本コンセプトを次に示す。

①情報流通とは，「人間によって消費されることを目的と
　して，メディアを用いて行われる情報の伝送や情報を記
　録した媒体の輸送」と定義する。
②情報流通量の新指標として，「流通情報量」と「消費情
　報量」を計量する。

　ここで「情報流通」とは，各メディアを用いて情報受信点まで情
報を届けることとし，その例として電話網で音声を伝送する，イン
ターネットでブログ記事を伝送し表示する，放送電波でテレビ番組
を伝送し受像機で表示する，書籍を全国の書店で販売するなどをあ
げている。また，「情報消費」とは情報消費者が受信した情報の内
容を意識レベルで認知することとし，その例として電話に出て話を
聞く，ブログの記事を読む，テレビ番組を視聴する，購入した書籍
を読むことなどをあげている。
　図表2-3から分かるように情報量の伸び率は従来のメディアで
は横ばいもしくは微増であるが，インターネットによる情報量の伸
び率が突出している。このことは情報を伝達するメディアが既存の
メディアに上積みされる形でインターネットが普及しているという
特徴を見ることができる。言い換えると一般消費者が情報通信メ
ディアから得る情報量はインターネットにより急速に増大している
が，これは既存の情報通信メディアが衰退したのではなく，インター

図表2-3 ◆ メディアグループ別の流通情報量の推移(2001年度=100)

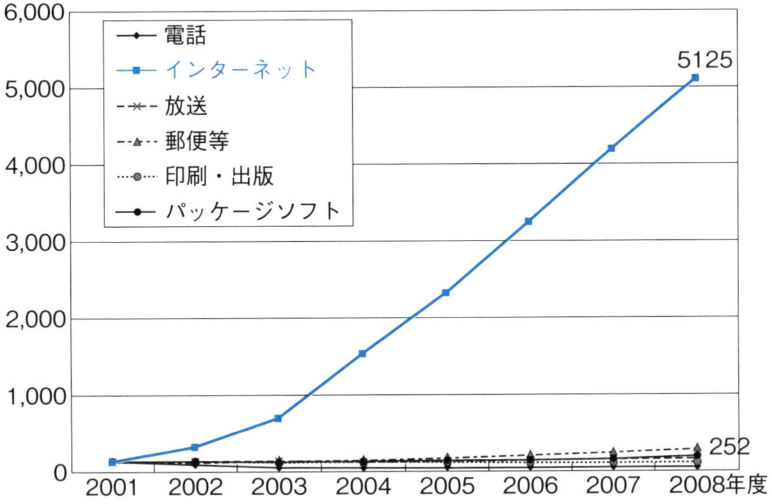

出所：総務省『情報流通インデックスの計量』

ネットが新たな情報の需要と供給を生み出していて，今後もこの傾向が続いていくと考えられる。

❸ 情報の産業化と産業の情報化への変化

　情報の産業化とは情報通信産業の発達に伴いコンピュータ産業やそれに付随してソフトウェア産業，ネットワーク産業などの情報関連産業という新たな業種が生まれ大きく発展してきたことを意味する。また近年，情報通信関連のアウトソーシングやコンサルティング企業も増え，いわゆるIT関連産業として情報産業が大きく躍進している。一方，産業の情報化とは企業内においても業務に積極的に情報システムを導入するとともに，システム開発やシステムの運用・管理をする情報関連の仕事に従事する人員を抱える必要性がでてきて，既存産業も情報化へと変化している現象をいう。

ここ数年，我が国の情報通信産業の名目市場規模（国内生産額）は100兆円弱程度で全産業の10％程度を占める最大規模の産業である。また，全産業に占める情報通信産業の雇用者数の割合は約6〜7％であるが，その中でも情報サービス業や通信業の雇用者数が伸びてきている。

❹　情報の価値の増大化

　モノの価値と情報の価値を比較した場合，相対的に情報の価値が増えてくることが情報化の動きと考えられ，情報の価値の増大は従来の社会とネット社会の違いを表す特徴のひとつである。

　情報の価値が増してくるということは，それだけ情報を利用する機会が増える。つまり情報に価値があるから情報を利用するのであり，上記で述べた「情報流通インデックス」の流通情報量の伸びがそれを裏付けている。

図表2-4 ◆ メディアグループ別の消費情報量の推移(2001年度=100)

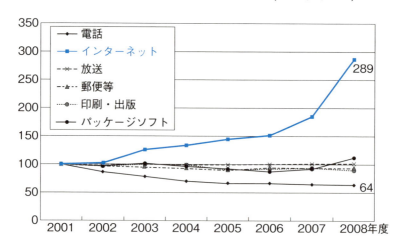

出所：総務省『情報流通インデックスの計量』

消費情報量でもインターネットの伸びは他のメディアを上回っているが，特に2008年度は平均利用時間の増加によっていると分析されている。ちなみに情報流通量は：

$$流通情報量＝平均利用時間\times 利用人口\times 単位認知情報量$$

で計量されている。詳しくは出所の資料を参照されたい。

　また，情報量に関して総務省は2013年からビッグデータの時代を迎えるにあたって，ビッグデータの流通・蓄積の分析をこれまでに述べた情報流通インデックスの代わりに行っている。これは情報流通量を9産業21メディア別に算出したものを総計していて，**図表2-5**に示すように8年間で約8.7倍に増加していると推計している。年々爆発的にデータ量が増加している実態を裏付けている。

図表2-5 ◆ データ流通量の推移(産業別)

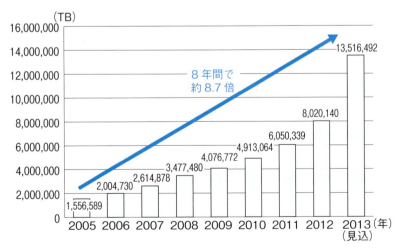

出所：総務省『平成26年版情報通信白書』

◆引用・参考文献

1） 小野厚夫「情報という言葉を尋ねて」『情報処理』Vol.46,No.4,5,6, 2005.
2） 公文俊平編『情報社会』，NTT出版，2003.
3） 今井賢一『情報ネットワーク社会』，岩波書店，1984.
4） 折笠和文『高度情報化の諸相』，同文館出版，2002.
5） 新村出編『広辞苑』，岩波書店，第一版〜第六版
6） 総務省『我が国の情報流通量の計量と情報通信市場動向の分析に関する調査研究結果（平成20年度）』
（http://www.soumu.go.jp/menu_news/s-news/02iicp01_02000009.html）
7） 総務省『平成25年通信利用動向調査』
（http://www.soumu.go.jp/johotsusintokei/statistics/data/140627_1.pdf）
8） 総務省『平成26年度情報通信白書』，日経印刷㈱，2014.

第3章 サービスの価値化

　ネットの社会での価値や資産として「情報」とともに同じ無体物である「サービス」をあげることができる。「サービス」も「情報」と同様に意味が多様であるが故にその言葉の使われ方も広範囲に及んでいる。

　産業が製造業からサービス業へと徐々に変化してきた中で，「所有から利用へ」という価値のシフトが社会全体で起こり，かつてのコンピュータメーカーもハードウェア主体の製造業からITサービス業へと変身してきている。

　この「サービス」を科学的にとらえようとする新しい学問分野も誕生し，サービスの重要性がビジネスにおいても見直され，その存在価値を増している。

1　サービスという言葉

　ここではサービスという言葉について，その語源，使われ方，定義などについて考えてみる。

▶　語　源

　サービスという言葉はカタカナ表記が一般的であることから，日本で作られた「情報」とは異なり，英語の「service」からきていて，日本で最初に使われたのは大正時代といわれている。

　英語の「service」の語源は諸説あるようだが，ラテン語の「servus

（奴隷）」に由来するといわれる。したがって辞書などでは「奉仕」や「給仕」という説明が最初にでてくるように，奴隷を使用人として労働させていたというニュアンスが残っている。

日本語の「サービス」も時代とともにその意味するところも増えてきているので『広辞苑』で見てみたい。

1955年に出版された第一版によると：

「サーヴィス」①奉公。奉仕。給仕。接待。勤め。②庭球・卓球・排球などで，攻撃側から球を打出すこと。また，その球。サーヴ。

それから半世紀以上たった2008年に発行された最新版の第六版によると：

「サービス」①奉仕。「サービス精神」②給仕。接待。「サービスのいい店」「サービス料」③商売で値引きしたり，客の便宜を図ったりすること。「付属品をサービスする」「アフター・サービス」④物質的生産過程以外で機能する労働。用役。用務。「サービス産業」⑤（競技用語）サーブに同じ。

と説明がある。

このように最新版では今ではあまり使われなくなった「奉公」がなくなり，③や④の説明が加わり「サービス」という言葉の意味合いが広まったことが分かる。

▶ **サービスという言葉の使われ方**

その定義をあまり意識しないで使っているサービスという言葉は日常の様々な場面で異なった意味合いを持って用いられている。

最も一般的な使われ方は「店員のサービスが良い」とか「あのレストランのサービスが最近悪くなった」などであろう。また公共的なサービスとして提供されている電気・ガス・水道・通信網に代表されるインフラストラクチャなどもサービスと深い関係を持ってい

る。ビジネスとしての業務提供形態もサービスという言葉で言い表せる。例えば，宅配サービス，訪問サービス，修理・保証サービス，介護サービスなどがある。経済的もしくはその価値に重点を置いたサービスとして売掛サービス，教育や医療サービスが考えられる。また，他のサービスの例として売り手が付加価値として提供するような精神的・奉仕的なサービスもある。例としては出血大サービスやサービス品，おまけとしての付属品をなどがある。つまり日本人にはサービスとは「おまけ」や「タダ」という理解が古くから醸成されていた。

　次に考えられるのは個人の奉仕的なサービスで，ある意味では犠牲や奉仕を伴う行為を対象として使われる場合で，サービス提供者が利用者に対して譲歩するケースである。その例としては，ある仕事に何年間も従事することをサービスと表現し，家族サービスなども同じような使われ方である。また子供の習い事の行き帰りに安全のために付いて行くことなども犠牲的なものでサービスという概念で使用される。

　このように「サービス」という言葉は使われる状況により多様な意味合いを持っている。なお，英語の「service」はタダ「free」という意味はもっていない。

▶　サービスとは

　いままでサービスは主として経済やマネジメントの分野で研究されてきている。現代マーケティングの第一人者といわれる米国のフィリップ・コトラー（Philip Kotler）は「他者に対して提供される活動もしくは便益であり，本質的に無形で，購入者に所有権を一切もたらさないもの」といっている。この他にも多くの研究者による数々の定義があるが，その本質には無形性と同時性があり，主に

活動やプロセスを重視するもので，近年は人間の欲求やニーズとの関連についてもいわれていて，「サービスとは人間の欲求を最大化するために，形のないものを他者との交流によって提供されるプロセスや活動」ということができる。それではサービスの特性とは何であろうか。通常，下記の4つが代表的なサービスの特性である。

①無形性 ： サービスには物質的な形がない
②同時性 ： 生産と消費が同時に発生する
③異質性 ： 同じ内容・品質のサービスを提供できない
④消滅性 ： 発生と同時に形を残さず消滅する

　無形性とはモノが生産されるのに対してサービスは遂行されるのが特徴である。医者による患者の診察，学校での教師と生徒との教育もサービスであるが，医療や教育による効果を体験することはできるが，その行為そのものは形がないので家に持ち帰ったりはできない。ただし，サービスにはそれに付随する製品を伴うことがある。例えば医療では投与された内服薬や教育では教科書などがこれらに当たる。

　同時性とはサービスの生産者である提供者と顧客である消費者がサービス提供プロセスにおいて同時に存在し，生産と消費が同時に行われるため生産と消費を切り離すことができない。ただし，その同時性の程度はサービス内容によって差があるのが通例で，クリーニングサービスのように時間を要するものは同時性は低いが，店舗やレストランなどでは同時性が高いといえる。

　無形性と同時性は以下の異質性，消滅性と関係が深いといわれている。異質性とは提供されるサービスの内容・品質に差異が生じるということで，毎回均一のサービスを提供できない。それはレストランで調理をする料理人，ウエイター，テーブルの位置，レストラ

ン内の物理的環境，訪れた時間などが毎回異なるためである。つまり，サービスには違いが生じるということである。

消滅性とはサービスは保存が利かないために在庫できないことをいっている。

そして，サービスを求める顧客がいなければそのサービスは無駄になり，生産されたサービスは消費されなければ価値がないのと同じである。例えば，飛行機の座席やホテルの部屋などは，その日の顧客がいないからといって翌日に埋めることはできず永久に売れ残ることになる。

図表3-1 ◆ サービスとモノとの違い

サービス	モノ
無形	有形
価値を提供する活動	価値を形にしたモノ
生産と消費が同時	生産と消費が別々
再現（再生産）できない	再生産できる
異質	均質
事前評価できない	事前評価できる
在庫できない	在庫できる
転売できない	転売できる

このようにサービスはモノとは違った特性を持っているが，ビジネスにおいて大事な点はサービス提供者の発想よりもサービス利用者の視点が求められ，かつ結果としてどのようなサービスを受け，その結果についての事前の予測や評価が難しいため両者が共同してそのプロセスを調整するなど事前の合意が必要となる。

2 サービス業

次頁の**図表3-2**に平成19年版『情報通信白書』に若干の手を加

えた図を載せてあるが20世紀後半から情報・サービス時代の到来を示している。

図表 3-2 ◆ 経済成長と情報・サービスの時代

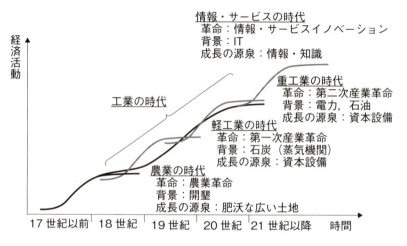

出所：総務省『情報通信白書』平成19年版を改変

　肥沃な土地に定住した農業の時代，それに続く工業の時代における石炭を燃料とした蒸気機関の発明による第1次産業革命，電力・石油を動力の源泉とした重工業の時代である第2次産業革命を経て経済が成長してきている。各時代の経済成長を時間軸で見ると勃興期，成長期と発展し，成熟期を迎えると次の時代の勃興期が始まるというサイクルを繰り返している。そして現在はITという新しい技術を背景とし，情報や知識をその原動力とした情報やサービスのイノベーションの時代に入っている。これは産業分類でいうところの農業・漁業・林業の第1次産業，鉱業・製造業などの第2次産業を経て，サービス産業の第3次産業の時代になったことを意味する。
　サービス業の範囲は政府の各種統計資料などでも定義が一様でな

いため，ここでは「第 1 次産業，第 2 次産業に含まれないその他のものすべてを第 3 次産業とし，サービス業は第 3 次産業と同義で，エネルギー関連，通信，運輸や卸・小売業も含む」とする広義の解釈をとることにする。

第 3 次産業の中でネットビジネスに関連が深い情報通信業の内訳としては通信業，放送業，情報サービス業，インターネット付随サービス業，映像・音声・文字情報制作業が含まれている。

3 所有から利用へ

国が 5 年ごとに行っている国勢調査の結果に基づいた産業別の就業者の推移によるとサービス業である第 3 次産業は1950年の就業者数の構成比の割合が29.7％であったが，2010年では70.6％と実数，構成比ともに安定的に増加していて，第 1 次産業や第 2 次産業と比べ対照的な推移となっている。

第 3 次産業が増加している要因は前述したサービスの特性が大きく影響している。サービス業は他の産業と比較して生産性の格差があるといわれていて，生産性の伸びが他の産業よりも少ない。つまり，食料ならば海外から輸入することも可能であり，製造業も海外での生産を増やすとそれだけ国内の就業者数の減少を招き，さらに製品ならば同じ性能の製品を技術革新などで生産性を向上させることは可能である。ところが同じ教育内容をより少ない教員の数で提供することは困難である。また，近年の高齢化に伴い医療や介護の需要が増してくればそれに関わる人員が増加するのもサービス業特有の現象である。

また，一方で大きな社会的要因として今までタダとかおまけという意味合いの強かったサービスというものが，価値があり利用すると便利なものという考え方へのシフトが起こってきた。つまり今ま

第 3 章　サービスの価値化

33

で自分達がやっていた一部の作業には外部の企業が提供するサービスを利用する方が良いという価値観が個人や家庭，企業などで出てきた。例えば，つい一昔前までは家庭内でやっていた冠婚葬祭などを外の結婚式場や葬儀場を利用し，洗濯や掃除もクリーニングサービスを使うのが一般化してきた。また核家族化や女性の社会進出に伴い育児や家族介護も専門の保育園や介護サービスを利用している。企業においても事務用品の購入にオフィス用品の配送サービスを使ったり，ある必要なスキルのために派遣サービスを活用したりしている。さらに最近は社内でこれまで行っていた業務それ自体を外部の専門会社に委託するアウトソーシングが盛んになってきている。米国ではこれを戦略的アウトソーシング（strategic outsourcing）と呼び，企業が競争に勝つために導入している。これにより自社の得意分野の事業（コアコンピタンス：core competence）に経営資源を集中でき，コスト削減も図れるとともに，従来の下請けや外注と異なり自社にない分野の先端技術を持つ専門会社に委託し，それを活用する戦略的な目的を持っている。

　このような動きは社会環境の変化や消費者の購買行動の変化，企業間競争の激化，ITの発展などを背景に新たな付加価値とともにサービスを提供するサービス業が増えてきていて，社会全体が「所有から利用へ」と価値観がシフトしている。

4 ITサービス

　ここではかつてはハードウェアを主として製造していたコンピュータメーカーがサービスセントリックな企業へと変身し，その主要業務としているITサービスについて考える。

図表 3-3 ◆ IT サービス

主な IT サービス

【ハードウェア】
【ソフトウェア】
メンテナンスサービス
アプリケーション開発
システムインテグレーション
システムの運用・管理
アウトソーシング
　（ビジネスプロセス）
コンサルティング
研修サービス

ビジネスの支援

社内の利用者
外部の顧客

提供者　　　　　　　　　　　利用者

　ITサービスとはITをサーバ，パソコンやネットワークのハードウェア，OS（Operating System）やアプリケーションプログラムのソフトウェアといった切り分けをしないで，それらを組み合せたソリューションの提供や，企業の情報システム担当部署に代わってのシステム運用管理サービスなど，それに携わるプロフェッショナルな人員も含めて全体としての価値を利用者に提供することである。

　当初はコンピュータのハードウェアの一部としてソフトウェアやメンテナンスを提供していたが，顧客要求の多様化，サービス品質の向上要求，他社製品との接続要求などに応えるためコンピュータメーカーもパッケージソフトウェアの組み合せなども含め，システムサプライといったソリューションの提供に大きくビジネスを転換していった。さらには技術革新によるハードウェアの低価格化に対処するため戦略的なアウトソーシングにも積極的に取り組み，システムやネットワークの運用・管理サービスの提供や，最近では経理，財務，人事，購買といったビジネスプロセス全体をIT資源も含めてサービスとして提供している。まさに製造業からサービス業への

図表 3 - 4 ◆ IBM の事業収入

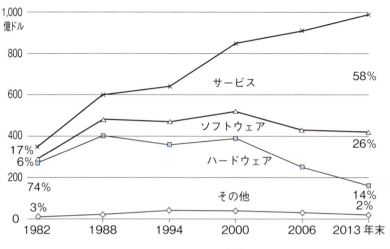

出所：IBM Annual Report より作成

転換である。

　ITサービスはITそのものの側面とサービスを受ける側のビジネスの側面を考える必要がある。ITの側面から見ればIT機器の機能や性能，システムの信頼性やセキュリティ，障害発生時の対応などといった要素が重要である。ビジネスの側面からは業務の効率はあがるのか，費用対効果はどうなのか，使い易いシステムなのか，サポート体制は十分かなどを検討する必要がある。

　このようなハードウェアからサービスへのパラダイムシフトは全世界のIT企業にいえることであり，その一例として**図表 3 - 4** にここ30年ほどのIBM全体の事業収入の変化をグラフ化している。

　1982年には全体の17％を占めていたサービスビジネスが2013年には全体の6割近くを占めている。一方，全体の4分の3の収入をあげていたハードウェアは約14％となり，サービスが名実ともに事業の柱となってきている。

このようにITサービスのビジネスが伸びてきている背景に，これを効率的，効果的にマネジメントするための包括的な管理手法としてIT サービスマネジメントという考え方が普及してきている。これはIT 環境に何を期待するのかを明確にし，その期待に応えるためのIT 環境の使用や性能を企画してIT 機器を実際に導入するほか，導入済みのIT 機器に対する日常のトラブル対応なども含まれる。

これらのための実践的なガイドラインとしてベストプラクティスを収集したITIL（Information Technology Infrastructure Library）がある。これは1980年代に英国でIT 調達の適正化を目的として，情報システムの運用管理についての事例を多数調査し，共通する成功事例を取りまとめたのがルーツである。現在は2007年にITIL Version 3 が発行され，IT サービス分野において重要な役割を果たしている。

5 サービスサイエンス

前節で述べたようにIBMはハードウェアからサービスへと事業モデルを変えて成功した結果，2001年にはサービスビジネスの収入がハードウェアビジネスを越えるようになった。しかし，当時の米国大学院にはサービスを科学的に研究する専門の学科がなく，またサービスを科学的に分析する手法もなかった。米国の大手IT 企業は今後ますますサービスの比重が大きくなるため，その基盤となる専門学科の設立を有力大学院などに呼びかけ，産学連携プロジェクトとして発足したのがサービスサイエンスの始まりである。

ただし，一般的にはサービスサイエンス（サービス科学）といっているがIBMはSSME（Service Science, Management & Engineering）と表現している。

図表 3-5 ◆ サービスサイエンスの今後

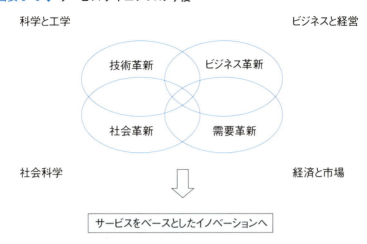

出所：IBM SSME ウェブサイトを参照

　その後サービスを科学的なツールや手法でとらえる研究が本格化し，サービスサイエンスは無形であるサービスを体系化する学際的な学術分野として産業界全体に対し迅速なサービスの開発と提供をもたらす新たな学問として認知されている。学際的な学術分野として対象となる主な学問はコンピュータサイエンス，オペレーションズリサーチ，インダストリアルエンジニアリング，ビジネス戦略，マネジメント科学，社会科学，認知科学，法律学など多彩である。

　これらの学問を組み合せ，融合させながらサービスサイエンスが果たす役割は最新の科学によるサービスやソリューションの学際的な分野の研究である。そしてより高度な実務への適用ができるようにサービスを科学的な手法やツールでとらえることを目指し，**図表 3-5**にあるようにサービスをベースとしたイノベーションを牽引するものと期待されている。

　また，日本では2010年に「サービス学会（Society for Servicelogy）」が設立され「サービスに関する広範な知識を体系化することで，

様々な産業課題の解決に寄与し，よって，サービスに関わる『社会のための学術』を構築することを目的とする。」ことを設立趣旨とし，産学協同の学会組織として活動を開始している。また日本で立ち上げる理由として以下の日本特有のサービスの強みに着目している。

・高いサービス品質の伝統，おもてなしの文化
・狭義のサービス業（対人サービス業）から製造業まで同じ枠であつかう学術体制
・米国地域がITとマネージメント中心，EU地域がITと環境問題中心なのに対して日本は対人サービスをサービスの中心として位置付けて体系化が進んでいる
・QC（品質管理）やKAIZEN（改善）で培われてきた生産性改善運動は日本の強み

◆引用・参考文献
　1）白井義男監修『サービス・マネジメント』，ピアソン・エデュケーション，2004.
　2）亀岡秋男監修『サービスサイエンス』，エヌ・ティー・エス，2007.
　3）野村総合研究所『ITサービスマネジメントの仕組みと活用』，ソーテック社，2008.
　4）上林憲行『サービスサイエンス入門』，オーム社，2007.
　5）総務省編『平成19年版情報通信白書』，ぎょうせい，2007.
　6）新村出編『広辞苑』，岩波書店，第一版，第六版
　7）統計局ホームページ『全国の産業3部門別就業者』
　　　（http://www.stat.go.jp/data/kokusei/2010/final/pdf/01-08.pdf）
　8）IBM "IBM Annual Report archives（US）"
　　　（http://www.ibm.com/annualreport/）
　9）IBM "Service Science, Management and Engineering"
　　　（http://www.ibm.com/developerworks/spaces/ssme）
　10）サービス学会（Society for Serviceology）
　　　（http://ja.serviceology.org/）

第 4 章 情報処理とコンピュータ

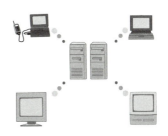

　この章ではネットビジネスを支えている情報システムを理解するために基本となるデジタル情報や情報処理とコンピュータとの関係を学ぶ。文字以外にも音声や画像などをデジタル化して処理することが可能になり，コンピュータの利用が一気に拡大した。
　コンピュータの処理形態も集中処理から分散処理へと移り，現在の情報システムの主流であるクライアントサーバシステムについて触れ，身近で代表的なコンピュータのネットワークであるLANについても解説する。さらにこれから主流となりつつあるクラウドコンピューティングについても述べる。

1　デジタル情報

　情報をコンピュータや通信の世界で扱う表現の仕方には連続量で表わされるアナログ表現と離散量で表わされるデジタル表現がある。
　コンピュータの中ではすべての情報は「0」と「1」の数字で表現されるデジタル情報しか扱うことができない。電子メールのやり取りをしているときもデータはすべて「0」と「1」の組み合せで，英数字や漢字には文字コードを割り当て，それも「0」と「1」で表現し処理している。音声情報はアナログ情報であるが，サンプリングという方式で単位時間に細かく切ったときの数値をデジタル情報としてとらえている。また，画像も小さな画素に分割したときに，その画素内に情報があるかないかを「0」と「1」の2値のデジタ

ル情報に変換してコンピュータでの処理を可能にしている。音声も画像も，そのサンプリング数を多くすればする程，元の音声や画像を忠実に再現できるようになる。

　一般的にアナログ情報である音声，画像，動画などを文字データと同じようにデジタル化して様々な情報を統合化し，コンピュータで処理することをマルチメディア（multimedia）という。

　情報がデジタルデータ化されることで下記のような取り扱いが考えられる。

> ① 情報やデータの蓄積や処理ができる
> ② 情報やデータの圧縮や復元ができる
> ③ データを伝達できる

情報やデータの圧縮・復元とは画像のような大容量のデータを，あるアルゴリズムや手法を使って圧縮し，それを再び元のデータに戻す技術である。これにより記憶容量を少なくし，データを送受信したりするときの時間を短縮できる。また，データをデジタル化して扱うことで雑音に対しても強くなり信頼性も高くなる。様々なメディアに蓄えられている情報をデジタルデータ化することで情報の統合化がはかられ，今日のネットビジネスの世界が出現した。

2 情報処理

▶ 情報処理

　人間がコミュニケーションをするときには当然のことながら情報の発信者と受信者がいる。（ただし，コミュニケーション学では，発信と受信が同一人物，つまり独り言もコミュニケーションに含めている場合もある）その両者の間には媒体（メディア）が存在し，コミュニケーションの形態により1対1の直接的な会話であったり，

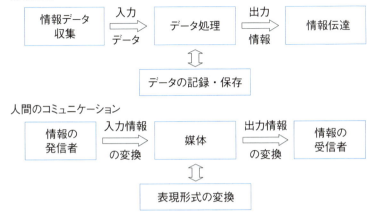

図表 4 - 1 ◆ 情報処理と人間のコミュニケーションモデル

両者の間に印刷物やテレビなどのコミュニケーションの手段や道具が介在したりする。**図表 4 - 1** に示すように情報処理モデルでのデータの処理や記録などは，人間のコミュニケーションの表現形式の変換に例えると理解しやすい。

人間は情報の共有化を図るためにコミュニケーションをとっているが，情報処理では目的に沿ったデータを収集し，それらの処理や記録を行い，新たな情報を作り出し，それを伝達する一連の作業と考えることができる。

▶ コンピュータの利用と処理方式

コンピュータと機械や道具との本質的な違いは，機械類は人間の肉体的能力を補完するのに対して，コンピュータは人間の脳の働きを肩代わりすることが期待されてきた。当初，コンピュータは科学技術計算を目的に研究開発され，様々な処理も四則演算を中心とする計算に置き換えて処理をしている。

人間に代わって威力を発揮する利用のひとつに情報検索能力がある。データや資料など大量の情報を蓄積し，その中から必要な情報を瞬時に，取り出してくる作業で，インターネットを利用した情報検索で身近に利用できる。次にコンピュータが威力を発揮するのは業務処理で，商品の購入，販売，さらには入出庫管理などのように取引の発生時に直ちに処理を行うデータの登録や更新である。また，複数のパソコンやコンピュータ同士をつなぐことで，メールやファイルのデータを容易に交換するメッセージ交換も基本的な利用法のひとつである。初期のコンピュータは文字情報しか扱えなかったが，マルチメディアの技術で音声，静止画，動画などが扱えるようになり，利用範囲が飛躍的に拡大した。我々の身の回りでも携帯電話，情報家電，車などに小型化，チップ化されたコンピュータが組み込まれ，これらが情報社会の発展の原動力になっている。

　コンピュータの処理形態を考えると，いつどのように処理するかという切り口で大きく2つに分けることができる。ひとつは一括処理であり，もうひとつは即時処理である。

　一括処理方式はバッチ処理（batch processing）ともいわれ，データをある期間蓄えておき，まとめて処理する方式で毎月一度処理すれば良いような給与計算や定期的な報告書作成業務などがその典型である。基本的にコンピュータが自動的に処理し，人間の介在を必要とせず即時性を求めないような仕事にバッチ処理は向いている。この処理方式はまとめて処理するのでコンピュータの処理効率をあげることができる。

　即時処理方式はオンラインリアルタイム処理（on-line real time processing）ともいわれる。この方式のひとつには処理要求が発生したときにユーザーがデータや指令を入力し，プログラムに従って実行させるオンライントランザクション処理がある。さらには時々

刻々データを入力し結果を得る制御処理や，コンピュータと人間が
やり取りを行い，人間が判断を加えながら仕事を進める対話型処理
もある。銀行の預金の引出し業務，飛行機や列車の座席予約システ
ムなどが即時処理方式の代表的な利用法である。

3 コンピュータのネットワーク化

　通信とコンピュータが結びつくことでコンピュータのネットワー
ク化が図られるが歴史的にはモールス（Samuel Finley Breese
Morse）が電信機を発明したのが1837年であり，ENIAC（Electronic
Numerical Integrator And Computer）がペンシルベニア大学の
モークリー（John W Mauchly）とエッカート（J.P.Eckert Jr.）によっ
て完成されたのが1946年である。電子計算機の歴史ではENIACが
あまりにも有名であるが，実は世界初の電子計算機は，ABC
（Atanasoff-Berry Computer）で1941年に発明されていたことが明
らかにされている。ABCは米国アイオワ州立大学のアタナソフ
（John V.Atanasoff）教授と助手のベリー（Clifford Berry）が開発し
たといわれている。

　コンピュータとネットワークをつないだ最初のシステムは1958年
の米国空軍のSAGE（Semi Automatic Ground Environment）であ
り，商用ではアメリカン航空の座席予約システムSABRE（Semi
Automatic Business Research Environment）である。日本では
1964年の東京オリンピックのときに，IBMのシステムを使用して
記録の集計・管理に用いられたのが最初である。その後，当時の国
鉄（現ＪＲ）の座席予約システムや銀行の預金業務でのオンライン
システムの導入などと本格化していった。

　このように遠隔地にある端末をネットワークを介してコンピュー
タにつなぐ必要性は大型コンピュータに複数の場所から端末を接続

してその処理能力を共同利用することである。これは資源の共有という効果をもたらし，ある場所のコンピュータの負荷が大きいときにその処理を他所のコンピュータに依頼して負荷の分散を図ることができる。2つ目にはいろいろな場所に分散して記録，保存されているデータの活用でありデータの共有というメリットがでてくるが，この利点を生かして災害時に備え，データの二重化によるバックアップを図り危険の分散もできる。3つ目のメリットは複数のネットワークを結ぶことで電子メールやメッセージの交換が容易になる。この典型的なものがインターネットである。

4 処理形態とその変遷

　ここでは情報システムの代表的な処理形態である集中処理と分散処理，及びその変遷について述べる。

▶ 集中処理と分散処理

　コンピュータが高価であった1960〜1970年代では，企業は中央に設置されたコンピュータですべての処理を行う一元集中管理の集中処理システムであった。仕事をするのは1台のコンピュータで，そこにすべての作業とデータが集中することになる。このコンピュータには複数の端末がネットワークを介して接続され，ユーザーはこの端末から操作をする。複数の端末を接続して使用する大型コンピュータをホストコンピュータまたはメインフレームと呼ぶ。

　集中処理システムの利点はコンピュータ自体の保守や運用・管理などの統一化やプログラムやデータの一元化が可能で，コンピュータ資源の有効利用である。しかし，欠点としては高度なシステムの知識を持った技術者を必要とし，プログラムもほとんど自社仕様で開発に多額の費用と時間を必要とした。

図表 4-2 ◆ 集中処理システム

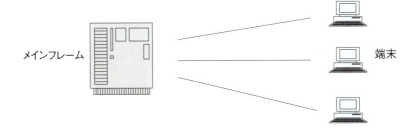

　しかし，ITの進歩でコンピュータの性能が向上して価格も急激に低下し，企業では個人専用のコンピュータを自由に使えるようになり，個人用のパソコン同士を接続してメッセージの交換やデータの共有を可能にした。このようにネットワークにつながるコンピュータや機器がそれぞれの役割を分担し，そのサービスを提供するシステム全体を分散処理システムという。例えば，文書を印刷する作業はほとんどの業務で要求される。しかし各コンピュータにプリンタを接続していてもプリンタを使う時間はわずかであり，ネットワーク内に1台だけプリンタを接続したコンピュータがあれば，すべてのコンピュータにプリンタを持つ必要はない。つまりネットワーク上に様々な機能を持つコンピュータが複数あり，それぞれの役割をサービスとして提供してネットワークシステム全体で仕事をするのが分散処理システムである。

図表 4 - 3 ◆ 分散処理システム

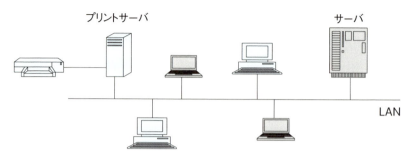

　このシステムでは負荷の分散を図ることができ，障害時のリスクも分散できてシステム全体としての信頼性が向上する。また，ユーザーの実情に合った最適なシステムを柔軟に構成でき，システムの拡張性もメリットである。しかし，システムの構築が難しかったり，特定のサーバに処理依頼の負荷が集中すると効率が低下したりすることもある。分散処理システムの共通の欠点としてはコンピュータや端末の数が多くなり設置場所が増えることで管理や保守作業が増え，全体での保守・運用費（TCO：Total Cost of Ownership）が増加する。さらに，データが各コンピュータや端末に分散しているためセキュリティ上の管理が難しくなる。

　ネットワークが分散処理システムとして成り立つためには様々なネットワークサービスが必要である。依頼を受けて実際に処理やサービスを提供するコンピュータまたはその機能を持つソフトウェアをサーバ（server）と呼び，ある処理をサーバに依頼しそのサービスを受ける側のコンピュータまたはそのソフトウェアをクライアント（client）と呼んでいる。したがってクライアントサーバシステムもコンピュータを機能ごとに専業化し，それぞれに専門の処理を分担させる分散処理システムである。なお，分散処理システムにはクライアントサーバシステムのようにサーバとクライアントの役

図表4-4◆クライアントサーバシステム

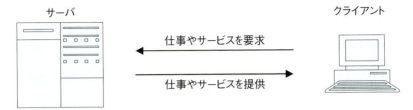

割が明確に分かれている垂直分散システムとサーバが対等の立場でホストコンピュータとしてネットワークにつながっている水平分散システムがある。

▶ ローカルエリアネットワーク

　通信回線を用いたコンピュータネットワークは時間や距離に制約されることなく，ネットワークのつながっている相手とは1対1，1対N，N対Nと多様な接続で双方向通信が行われてその過程を保存できる。このコミュニケーションを学校や会社など同一の建物や構内など比較的限られた範囲内で，コンピュータや端末を接続したネットワークをLAN（Local Area Network）という。LANは1973年Xeroxの同軸ケーブルを用いたイーサネット（Ethernet）が始まりといわれ，1990年代にはインターネットとLANの接続が可能となった。1993年に無線LANの規格化がなされ，この方式は現在では家庭内のLANの構築にも取り入れられている。

　図表4-3の分散処理の図はLANシステムの構成の一例であるが，LANの接続形態はバス型のイーサネットで一般的な接続方法である。

　LANが狭い範囲のネットワークを指すのに対し，遠隔地にあるLANを専用回線などを使って接続したネットワークをWAN（Wide Area Network）という。会社の支社内はLANであるが，他の場所

にある支社や事業所のLANと接続したネットワークはWANである。インターネットはこのLANが地球規模で拡大したものと考えられる。LANの導入により分散処理システムの効果である資源の共有や負荷の分散，危険の分散の他に，組織内に分散している多岐にわたる業務を結びつけて処理する効果も生み出された。

▶ 処理形態の変遷

コンピュータのシステム構成では集中処理と分散処理の2つを時代とともに繰り返しているといってよい。

初期のメインフレームの時代では1台のホストコンピュータに複数のキーボードとディスプレイ機能しかない端末（dumb terminal）を複数接続し，情報処理はすべて接続先のホストコンピュータに任せ，端末では入力操作や結果の表示のみを行っていた。前述したように，1990年代になりITの進歩で小型のコンピュータ（サーバ）の処理能力が飛躍的に高まり，小型・軽量化，低価格化し，さらにLANを中心とするネットワークが普及した。これにより小型のコンピュータの組み合せでシステムを再構築するダウンサイジングが流行した。

2000年代に入りパソコン，インターネットが一般に普及し，企業で端末として使われるパソコンの台数も多くなりTCOの問題も無視できなくなってきた。そこでサーバ側でアプリケーションソフトやファイルなどを一括管理し，クライアントとなる端末には最低限の権限しか持たせないシンクライアント（thin client）という考えが出てきた。これは基本的にメインフレーム時代の集中処理の考え方の繰り返しで，高機能を持たない端末が複数個のホストとなるコンピュータに処理をしてもらう形である。ただ，現在はどのようなシステム構成が最適なのかを模索している段階でもある。

図表 4 - 5 ◆ 処理形態の変遷

```
┌─────────────────────────────────────────────────────┐
│ メインフレームの時代        ：集中処理                │
└─────────────────────────────────────────────────────┘
      ⇩      ダウンサイジング
┌─────────────────────────────────────────────────────┐
│ クライアントサーバの時代     ：分散処理                │
└─────────────────────────────────────────────────────┘
      ⇩      シンクライアント
┌─────────────────────────────────────────────────────┐
│ クラウドコンピューティングの時代 ：コンピュータの配置→集中 │
│                      データ処理→分散          │
└─────────────────────────────────────────────────────┘
```

　この考え方を発展させてサーバも端末もネットワークも大規模な構成にしたのが概ねクラウドコンピューティングといえる。この考えはコンピュータの物理的な設置はある場所に集中し，データの処理は複数のサーバで分散処理を行うというこれまでの集中と分散の処理を組み合せた処理形態をとっている。

5　クラウドコンピューティング

　クラウドコンピューティングという呼び方はグーグルの取締役会長であるエリック・シュミット（Eric Schmidt）が2006年に初めて使ったといわれる。つまり，インターネット上に浮かぶ雲（昔はネットワーク網を雲で表現していた）の中に巨大なサーバ群を始めとするコンピュータ資源があり，利用者がインターネット経由でアクセスする情報システムの利用形態や処理形態の総称である。

　インターネットに接続できさえすればコンピュータ資源の中身や物理的な場所や構成を知らなくても必要なサービスを利用できる。すでに我々が知らないうちにクラウドを利用している例として，ウェブ上にメールを保存して置いたり，グーグルマップのようにウェブ上から地図情報をダウンロードして，あたかも自分のパソコ

図表 4-6 ◆ クラウドコンピューティングの概念図

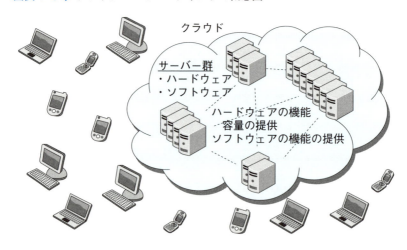

ンの中に地図データがあるかのように使用している。

　クラウドコンピューティングをサービスビジネスとして提供する先駆けとなったのは，2006年にアマゾンがオンラインショップで使用していたコンピュータ資源を運用管理まで含めてサービスを開始したアマゾンS3（Simple Storage Service）とアマゾンEC2（Elastic Compute Cloud）である。これはアマゾンのサービスと同様のユーザー認証や決済システムを簡単に利用して電子商取引のビジネスができる。

▶　クラウドコンピューティングのサービス形態

　クラウドコンピューティングのサービス形態は大きく3つに分類されている。

　ネットワーク上のサービスとしてソフトウェアが提供されるSaaS（Software as a Service），ハードウェアに近い部分を提供するPaaS（Platform as a Service）とIaaS（Infrastructure as a Service）がある。PaaSとIaaSの違いは主としてスケーリングと自由度とい

われている。

①SaaS：サービスとして提供されるソフトウェアで営業支援や業務支援などのアプリケーションソフトである。

②PaaS：サービスとして提供されるプラットフォーム（ハードウェアやOS，ミドルウェアなど）でスケーリングを考慮せずに利用できる。

③IaaS：サービスとして提供されるインフラストラクチャ（仮想マシンやストレージで柔軟に対応）で，コンピューティングに必要な基盤一式をデータセンターに用意し，利用実績に応じて課金するなど自由度が大きい。当初HaaS（Hardware as a Service）といわれた。

▶　クラウドコンピューティングの利用形態

　クラウドコンピューティングの利用形態は次頁の**図表4-7**に示すようにパブリッククラウドとプライベートクラウドと，その混合であるハイブリッドクラウドがある。

　プライベートクラウドは企業に機器を設置し，管理・運用するものでリソースを企業内で共有し，カスタマイゼーションや高効率化さらにはセキュリティやプライバシーにも十分な配慮を自前ですることができる。一方，パブリッククラウドはサービス提供者のデータセンターにあるリソースを他の外部利用者全体で共有し標準的なサービスを受け，従量制によって料金を支払い，システム初期導入時間の短縮や低コスト化を図ることができる。

　ハイブリッドクラウドはこの2つの利用形態を混在して使用するもので，業務内容やビジネスモデルにより有機的かつ効率的に使い

図表 4-7 ◆ クラウドコンピューティングの利用形態

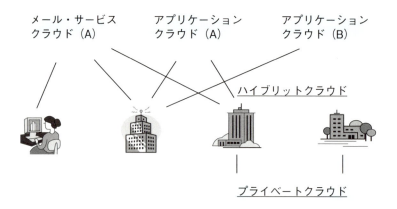

分ける方法である。

▶ クラウドコンピューティングの効果

　クラウドコンピューティングに効果のある業務はキャンペーンサイトなどの一時的に取引量が多くなるピーク性のあるものや繁忙期などの季節性を持ったものが良いといわれている。**図表4-8**にピーク時に100台のサーバが必要となるあるシステムの1カ月の利用率のグラフを示しているが，平均的な利用率を約15％と仮定すると，あるメーカーの試算ではシステムを自社で用意した場合とクラウドコンピューティングのサービスを利用した場合を比べるとクラウドコンピューティングの方が約50％近くコストの削減が図られるという。

　クラウドコンピューティングのサービスにはビジネスの立ちあげや変化への対応，コスト削減などのメリットがあるが，その反面，大量のデータをやり取りする場合には広帯域のネットワークが必要

図表 4-8 ◆ システムの利用率

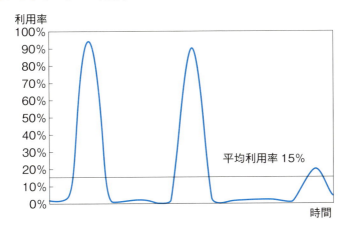

であり，機密情報や個人情報を扱う業務には利用しない方が良いという意見もある。また，外部に業務を任せることによる耐監査性などこれから本格的なクラウドコンピューティングの時代を迎えるにあたっての課題もある。

　グーグルやアマゾン，マイクロソフトなどは世界中に分散させた巨大データセンターを構築し，1か所に例えばサーバを数十万台設置し全体では数百万台以上のサーバを使用してサービスをしている。しかし日本では地価が高いことや地震などの災害，さらには建築基準法による規制などで巨大なデータセンターが実現していないのが現状で，日本企業のこの分野への本格的な進出が遅れている。

　◆引用・参考文献
　　1）太田忠一他『最新・情報処理の仕組み』，サイエンス社，2004．
　　2）アイテック情報技術教育研究部編『コンピュータシステムの基礎』，アイテック，2009．
　　3）日経BP社出版局編『クラウド大全』，日経BP社，2009．

第5章 インターネットとウェブ

　ネットビジネスを支えている道具のひとつがコンピュータを代表する身近なパソコンならば，もうひとつはネットワークを代表するインターネットである。

　インターネットやウェブが一般に普及してまだ20年程であるが，その利用の拡大のスピードには目を見張るものがある。自動車の構造や動作の原理を知らなくても運転ができるように，インターネットもウェブもその中身を深く知らなくても使用できるが，ネットビジネスにとって重要な役割を果たすものであり，ここでもう一度その仕組みについて理解を深める。

1 インターネットの発展

▶ インターネット以前

　インターネットが普及する以前にも企業ではVAN（Value Added Network）の事業者を利用して他企業とのネットワーク接続を行っていた。VANとは付加価値通信網のことでコンピュータの企業間接続において，単に情報をそのまま伝達する従来のネットワークサービスとは異なり，利用者に付加価値をも提供するサービスである。その内容は異なる通信規約（プロトコル：protocol）の変換や通信速度の異なる相手とも交信できるようにする速度変換，書式の異なるデータを相手の書式に合わせるフォーマット変換サービスなどを基本としている。さらには接続時の故障の切り分け，費

用や管理の分担，また，業務処理サービスとして販売管理，情報検索，技術計算などの処理をネットワークを介したサービスとして提供している。

NTTなど自前でネットワークを持っている事業者は第1種通信事業者と呼ばれ，VAN事業者はこれらの事業者から回線を借り，契約企業のコンピュータと接続して第2種通信事業者と呼ばれた。なお，2004年の法改正でこの区分はなくなった。

個人を対象としたネットワークサービスはパソコン通信がその始まりである。1975年頃からホビーの用途として登場し，1985年頃にはパソコン通信サービス業者が出現し，ホストコンピュータとパソコンを電話回線で接続する方法でサービスを始めた。実際には利用者がパソコン通信サービス業者のアクセスポイントに接続し，そこまでの通信代や接続時間，サービス内容に応じて料金を支払う従量制の料金体系をとっていた。サービス内容は電子メールなど現在のインターネットとほぼ同じであった。インターネットの急速な普及にともない，ほとんどのサービスはインターネット接続サービスやインターネット上のサービスに移り，パソコン通信という特定のサービスはその必要性が薄れた。

▶ インターネットの発展

インターネットとは国や地域を問わず世界のあらゆる場所の企業や学校，各種機関などのコンピュータネットワークを相互に接続して構成されるネットワークで，ネットワークのネットワークとも呼ばれる。共通のプロトコルであるTCP/IP（Transmission Control Protocol/Internet Protocol）を用いて全世界のネットワークをつなぐ巨大なコンピュータネットワークであるが，全体を統括するコンピュータや責任者の存在しない分散型ネットワークで，無数に存在

しているサーバが少しずつサービスを提供することで成り立っている。言い換えるとコンピュータやネットワークを管理している各人がベストエフォート（best effort）で運営しているともいわれる。一般家庭から個人が利用するにはアクセスポイントを持つインターネットサービスプロバイダと契約し，公衆回線やケーブルテレビ回線などで接続する必要がある。

　インターネットの起源は1950年代，米国国防総省に設立された高等研究計画局（ARPA：Advanced Research Project Agency）が始めたプロジェクトで，核戦争で米国以外の国から攻撃されても分断されない分散型コンピュータネットワークを目指した研究であった。このプロジェクトで米国のランド研究所にいたポール・バラン（Paul Baran）が今までの回線交換ではなく，通信データをパケット（packet）と呼ばれる小さなまとまりに分割して送受信できるパケット交換方式を考案した。この方式を採用したARPANETは1969年から始まり，当時からインターネットに関する設計書としてRFC（Request For Comments）が公開され，それに基づいてインターネットを利用するハードウェアやソフトウェアの開発が行われている。

　その後，この技術を基にインターネットを発展させたのはNSF（全米科学技術財団）が学術機関を結ぶために構築したNSFnetである。日本では1985年の大学間ネットワークのJUNET（Japan University NETwork）がインターネットの始まりである。

　1990年代に入るとインターネットは次第に商用で利用されるようになり，パソコンのOSにインターネットの通信機能が標準装備されてビジネスでの利用や家庭からの利用と相俟って利用者の数は一気に拡大し，世界規模の情報通信網へと成長した。インターネットがこれ程までに発達した背景にはパソコンの普及がお互いの発展の

原動力となっているが，その他に次の3つの点をあげることができる。ひとつはTCP/IPという業界標準のプロトコルを採用したことである。当初ARPANETはNCP（Network Control Protocol）というプロトコルを用いていたが1983年にはTCP/IPに切り替えて現在まで使用されている。2つ目は，後で述べるウェブブラウザ（閲覧ソフト）が普及したことで，誰もが容易にインターネットを活用し情報をアクセスすることができるようになった。3つ目は米国のクリントン政権時代の副大統領アル・ゴア（Albert Gore, Jr.）が1993年に提唱した全米情報基盤（情報スーパーハイウエイ）であり，誰もがネットワークを利用できるようにと政府と民間が積極的に取り組んだことがインターネットの普及を後押しした。

2 インターネットのサービス

　インターネットではどのようなサービスが提供されているかについて，その代表的なものについて以下に簡単に説明を加える。

❶ 電子メール

　電子メール（e-mail）は最も代表的なサービスで，相手が普通の郵便の住所・氏名に当たるアドレスを持っていれば，誰もが気軽にインターネットにつながっている世界中の相手とメールのやり取りができる。電子メールを利用するためのソフトウェアをメーラーというが，その基本機能はメールサーバにアクセスし自分のメールボックスに届いているメールを取り込んで読んだり，メールを作成して発信したりするものである。その他，受信メールに対する返信機能や他人へ受信したメールをそのまま転送する機能がある。電子メールは他の文書や画像などを添付して送る添付ファイル機能を持っている。さらに，迷惑メールの受信を拒否したり，差出人など

によってメールの受信を拒否したりできるフィルタリング機能がある。アドレス帳を管理する機能，さらにはプライバシーの保護，メッセージの暗号化などの配慮も基本的にメーラーには備わっている。メーリングリスト（ML：Mailing List）とは特定のアドレスにメールすると，そのアドレスに登録されているメンバー全員に同報される仕組みでメンバーや会員などへの連絡や，あるテーマについて議論するときに便利な機能である。

❷ ウェブ

電子メールと同じように利用されているサービスはウェブである。ウェブは情報を提供する無数のウェブサーバとその情報を見るための閲覧ソフトウェアであるウェブブラウザから成り立っている。情報を提供するウェブサーバをクモの巣（web）のように互いにつないで全世界をカバーし，効率よく情報を入手できる。また，ウェブは文字情報以外にも音声，静止画，動画などのマルチメディアの情報を扱うことができ，これまでの文字中心の情報表現や情報流通と比べ質的に大きな変化をもたらした。

❸ FTP

インターネットを使って離れた場所にあるコンピュータから必要なファイルを別のコンピュータに転送したいときに利用するサービスで，そのときに使用するファイル転送のプロトコルをFTP（File Transfer Protocol）と呼ぶ。用途としては，各種データファイルを持つパソコンからウェブサーバへ転送するアップロードや，ソフトウェアやデータの入っているファイルサーバからパソコンへそれらのファイルを転送するダウンロードなどに使われる。インターネット上にフリーウェアなどを公開し，一般利用者がそのサービスを利

用する場合などもこの機能を利用している。

④　ネットニュース

　ネットニュース（netnews）はインターネットにおける電子掲示板システムのことでマスメディアのニュースの掲示ではない。不特定多数の人に自分のメッセージを読んでもらうなど利用者同士が情報を交換し合うシステムである。

⑤　仮想端末機能

　仮想端末機能（telnet）を使うと，インターネットなどのTCP/IPのプロトコルのネットワーク上で，遠隔地に存在するコンピュータの前にいるのと同様にそのコンピュータの機能やサービスを受けられる。つまり，そのユーザーはパソコンなどでどこからでも接続を許可されている他のコンピュータにアクセスできるが，セキュリティに弱いともいわれている。

⑥　その他

　その他の機能として文字ベースの会話を行うチャット（chat）機能や，インターネット電話やビデオオンデマンド（VOD：Video On Demand）などの動画配信機能などがある。

３　インターネットの仕組み

　インターネット上では様々な種類のコンピュータや機器が接続されて存在している。このような異機種共存の状況下においてコミュニケーションが可能であるのは各々のコンピュータや機器がルールとしてのプロトコルを遵守し，それに従って動いているからである。我々は小包がどのような仕組みやルールで集荷，区分け，配達され

ているかは常識的な基本となる理解があれば具体的に知らなくても
日常生活に不便は生じない。これと同じようなことがインターネッ
トの世界でもいえるがインターネットの基本的な理解のためにその
仕組みについて述べる。

▶　パケット通信

　インターネットの通信の仕組みを説明するときに小包の配達の例
がよく取りあげられる。インターネットが使用している通信方式は
パケット通信（packet communication）といわれ，送るメッセージ
や情報をパケットという単位に分割したデータをインターネットに
送り出し，先方に到着したときに，そのパケットを合成し，読み取
る通信方式である。

　小さな小包を多数送る場合，大きな箱に入れて一度で送る場合と
小包をひとつずつ送る場合がある。インターネットは後者のやり方
を採用している。インターネットのプロトコルはTCP/IPであると
述べたが，TCPの役割は大きな箱から順番に小包を取り出して送
り出すことと，受け取ったときにその小包を元の順番に並べること
である。つまり，送信時にメッセージや情報をパケットに分割し送
り出すこと，受信時には届いたパケットを合成して元のメッセージ
や情報に組み立てる役割を持っている。

　もうひとつ重要な役割を果たすのがルータ（router）である。こ
れは目的のサーバへの道筋を指示する装置で小包を車で運搬する場
合には経路上でどちらの方向へ行くかを指示するような役割を持っ
ている。このようにルータはインターネットにつながれたLANと
インターネットの間にあり，ネットワークとネットワークを中継す
る装置で，送信されるデータを所定の通信経路に送り出す機能を
持っている。

▶ IPアドレス

　IPはパケットを相手先のコンピュータへ届ける仕組みで，相手先に確実に届けるには小包の住所に相当する配達先を特定できる情報（IPアドレス）が必要となる。IPの役割はIPアドレスを管理しパケットを相手に届けることである。ではIPアドレスはどのようなものであろうか。コンピュータで扱われるのは「0」と「1」の2進数であるため，例えば，筆者の勤務する北海道情報大学（http//www.do-johodai.ac.jp）のIPアドレスは

11001010	00100010	11110010	00001101

で32桁の2進数，つまり32ビットで表現される。

　しかしこの表現では人間が理解することが難しいため，8ビット＝1バイトずつ4分割し，4つの10進数で表示し「.」（小数点）で区切る表記をしている。この方法によると上記の2進数は202.34.242.13となる。これをIPアドレスといい0.0.0.0から255.255.255.255までの数字で区別し，インターネットにつながっているすべてのコンピュータや機器に割り当てている。このように8ビットごとに4つの数字で表記するIPアドレスをIPv4という。この方法では最大4.3×10^9，つまり43億個までしかアドレスを用意できず，インターネットを利用する機器の急激な増加や中国，インドでの普及を考えると全世界的にIPアドレス不足が指摘されてきた。そこで，IPv4の基本的な概念をもとに32ビットではなく128ビットで表記するIPv6が実用化され始めた。これになると約3.4×10^{38}（約7兆×7兆×7兆）個のアドレスを割り当てることができ，世界の人口1人あたり約5×10^{28}個のアドレスを持つことができる。

▶ ドメインネームシステム

インターネットでメールを送ったり，ウェブでホームページを見たりしたいときには各々のIPアドレスを知らなければ実際にはできない。しかし，これらのアドレスは2進数が基本で，それが10進数で表記されても人間が覚えるには限界がある。通常我々が電子メールを送るときには相手のメールアドレス，ホームページを閲覧するときにはURL（Uniform Resource Locator）という数字の羅列ではなくある程度意味のある文字列を使用している。電子メールは各自，自分のメールアドレスを覚えやすい形で設定することができる。

ホームページも，例えば北海道情報大学のホームページのURLは「http//www.do-johodai.ac.jp」で「do-johodai.ac.jp」をドメイン名と呼ぶ。

これによりインターネット上のアドレスは人間にもある程度イメージしやすい形になっている。**図表5-1**にあるように，ドメイン名はメールアドレスにもURLにも用いられ，ネームサーバというコンピュータがドメイン名を2進数の数字の列に翻訳する仕事をしている。メールのアドレスにはメールサーバの名は表示されずドメイン名だけが示されている。URLの最初にある「http」（hyper text transfer protocol）はウェブページの送受信をするプロトコル

図表5-1◆ メールアドレスとURL

```
① メールアドレス：    xxxxxxx@do-johodai.ac.jp
                  ユーザー名  組織名  組織  国名
                             ドメイン名

② URL      http：//www.do-johodai.ac.jp/media.html
         プロトコル名    ウェブサーバ名    ファイル名
```

第5章 インターネットとウェブ

65

であるが，近年インターネット上で情報を暗号化する「https」の
プロトコルも用いられ，プライバシーに関する情報やクレジット
カード番号などの機密情報を安全に送受信できる。

　情報へのアクセスは「//」に続く場所で示していて，最初にウェ
ブサーバの所在を示し，ドメイン名に「www」を加えた「www.
do-johodai.ac.jp」をウェブサーバ名と呼ぶ。さらにそのサーバの中
の「media」というファイルの中に求める情報があり，それは
HTML（Hyper Text Markup Language）と呼ばれる言語で記述
されたファイルであることを示している。

　ドメイン名は階層化されていて第1階層に国名，第2階層に組織
の種別を表わしている。**図表5-2**に代表的な国名と組織名を載せ
てある。

　ドメイン名を各企業や機関が勝手に使用しては同一のドメイン名
が存在し混乱が起こる。そこでドメイン名を管理する組織がいくつ
かある。もっとも基本的な管理は国際的な非営利法人である
ICANN（Internet Corporation for Assigned Names and Numbers）
が行っている。この下部組織として日本ではJPNIC（Japan Network

図表5-2 ◆ **代表的な国名と組織名**

第1階層：国名

jp	日本	uk	英国	kr	韓国
cn	中国	fr	フランス	it	イタリア
de	ドイツ	ch	スイス	au	オーストラリア
ru	ロシア	ca	カナダ	sg	シンガポール

第2階層：組織別種別（jpドメイン）

大学系教育機関	ac	Academic
小中高などの教育機関	ed	Education
民間企業，会社など一般企業	co	Corporation
政府関連機関	go	Government
任意団体	or	Organization
ネットワークサービス（プロバイダ）	ne	Network

Information Center）がその役割を担い，実際の業務はJPRS（Japan Registry Service）が日本のドメイン名である「jp」の登録と管理を行っている。

4　モノのインターネット（IoT）

　現在のインターネットは優れているとはいえ課題を持っている。そのひとつはセキュリティであり，さらには品質や迷惑メール，フィッシングなどインターネットを悪用した問題も多く抱えている。今後，真の通信インフラとなるためには誰もが信頼性・安定性のあるネットワークを容易に安心・安全に使えることが求められる。

　この要求に対し次世代ネットワークとしてNGN（Next Generation Network）のサービスが開始されている。NGNは従来の電話のネットワークが持つ信頼性や安全性を確保しながら，インターネットの優れた柔軟性や経済性を兼ね備えた次世代の情報通信ネットワークを実現しようとするものである。

　一方，このような大規模なネットワーク環境下では，第1章で述べたようにネットビジネスが進展していくと大量のモノとモノとのコミュニケーションが発生し主流となる。現在はインターネットにつながるモノにはサーバ，パソコンをはじめとしてスマートフォンやタブレット端末などのIT関連機器が主なものである。しかしこれ以外にもブルーツース（bluetooth）などの近距離無線通信で様々な機器がパソコンなどを経由してインターネットにすでに接続されている。また，モノとインターネットを直接接続する手段としてはWi-Fi（Wireless Fidelity）や超小型の無線モジュールを使って直接インターネットにつなげる方法がある。

　このように一意に識別できるIPアドレスを持つモノをインターネットに接続する仕組みあるいは技術をIoT（Internet of Things）

「モノのインターネット」という。各種のセンサーを付けたモノをインターネットに接続することで，離れたモノの状態を把握したり，そのモノをコントロールしたりすることが可能となり，あらゆるシーンで我々の生活の利便性を高めることが可能となる。IoTは従来からいわれていたユビキタスコンピューティングの発展とみることができる。ユビキタスコンピューティングは1989年Xeroが提唱した概念で，ユビキタス（ubiquitous）とはラテン語で「あまねく遍在する（いたるところに存在する）」という意味の言葉で，コンピュータがその形状はどうであれ，ICカード，携帯電話，情報家電を始め自動車など様々な機器に組み込まれ，その存在を我々に感じさせることなく，必要に応じてネットワークを介して自動的に他のコンピュータと連動して処理を行うことを意味していた。

IoTによって集められたデータを分析し，その結果を活用することで新たなビジネスが作り出されている。例えば，医療面では在宅患者の容態を知るために体温，血圧，脈拍などを24時間測定し，それをブルーツースでスマートフォンを経由してインターネットを介してクラウドに送信し，そのデータを医者がいつでも見ることができるようになっている。このように情報を収集するためのセンサーや，情報送信に必要な無線通信機器，情報を集約して分析するためのクラウド基盤など，IoTは巨大市場を生み出すと期待されている。NGNのプラットフォームを利用して，IoTはモノとモノとのコミュニケーションを自動的に行い，すべてのモノがインターネットにつながるのが当たり前のように日常生活に溶け込んでいくであろう。

5 ウェブ

　ウェブページを表示するファイルを置いてあるURLはウェブのアドレスであるが，このウェブとはどのようなものであろうか。ウェブ（Web）はWWW（World Wide Web）と同義語で，元来インターネットで標準的に用いられているドキュメントシステムと説明されているが，現在は世界中に存在するコンピュータ上の情報を相互に関連付けた情報ネットワークとその手法という意味で用いられることが多い。多くの場合，ウェブという言葉がインターネットと混同して使われているがインターネットとは異なる。インターネットは世界中のコンピュータを接続する通信網全体のことであり，ウェブはそのインターネットの中でのシステムであり，仕組みである。ただ，電子メール以外のインターネットの利用はウェブを利用することなので，インターネットを使うということはウェブを使うことともいえ，日常ではこれらの言葉が混在して使われている。

　ウェブは1989年CERN（欧州合同素粒子原子核研究機構）での研究者間の情報交換や情報共有の研究が始まりといわれ，1990年にはティム・バーナーズリー（Tim Berners-Lee）がウェブサイトを開設した。MOSAICというウェブブラウザがイリノイ大学のNCSA（National Center for Super Computer Application）でマーク・アンドリーセン（Marc Andreesen）によって1993年に開発された。MOSAICはマルチメディア情報を扱えるGUI（Graphical User Interface）を備えたブラウザで，その使い易さから急速に発達した。アンドリーセンはその後ネットスケープ（Netscape Communications）を設立し，MOSAICをさらに発展させたブラウザであるネットスケープナビゲータ（Netscape Navigator）を発売し，一時は9割のシェアを占めたといわれた。

図表5-3にあるように，ウェブのモデルは基本的にクライアントサーバ方式であり，以下の5つの要素から成っている。

> ① インターネット上の情報を指定するためのURL
> ② ウェブ上の情報を記述するための言語（HTML）
> ③ 情報を発信するウェブサーバ
> ④ 情報を受信して表示するウェブブラウザ
> ⑤ ウェブサーバとウェブブラウザ間のプロトコル（HTTP）

URLはインターネット上の資源を利用するためにそのアドレスを指定するもので，URLを指定するとHTTPから指定されたウェブサーバに要求が送られ，再びHTTPによりHTMLで記述されたデータが送られてくる。その送られてきたデータをクライアント側のブラウザは利用者が見えるように画面構成をする。ウェブのもうひとつの特徴としてハイパーテキスト（hypertext）という機能があり，インターネット上に分散している種々の情報を互いに関連付けている。あるウェブページ作成者はそこに表示する情報と関連するインターネット上の別の情報を参照しやすくするため，その情報へのリンクを記載できる。つまり，ハイパーテキストはそのページの背後に関連情報をあたかも埋め込んだような拡張された文書のことで，リンクの形で相互に連結できる他の関連する情報を順に閲覧できる。このようにウェブを利用する人は関連する情報をその場所に関係なく次々と閲覧していく，いわゆるネットサーフィンが可能で，参照したウェブの軌跡はクモの巣状につながっていてまさにインターネット網そのものである。

図表5-3 ◆ ウェブのモデル

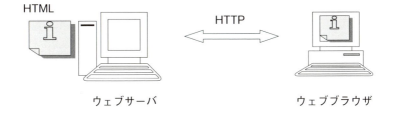

6 オープン化と標準化

　コンピュータ利用の初期の頃は同じメーカーの機器しか接続できなかったり，そのメーカーのソフトウェアしか動かなかったりしたため，特定のメーカーの製品のみでシステムを構築していた。しかし，業務の拡大による他メーカーの機器との接続要求やパッケージソフトウェアの市場が形成されるようになり，自前の開発よりも費用が安く済むなど，異機種が混在するマルチベンダー化へと進んだ。これを推し進めたのがオープン化と標準化である。

　各社がOSやアプリケーションソフトの外部仕様を公開し，ネット上からダウンロードして自由に使えるライセンスフリーのソフトウェアなどが登場し，他社技術の活用と技術改良の提案などができるオープン化が進んだ。オープン化により選択肢が多くなり，価格や性能を比較し最適のシステムを構築できるようになった反面，障害などが起こったときに各社が自社製品の不都合を認めたがらないなど，その原因を究明し特定することが難しいデメリットもある。

　一方，他メーカーの機器との接続ではそのインターフェースや通信手順などの標準化が行われた。標準にはISO（国際標準機構）などの国際機関や標準化団体などが規格として認めた公的標準（デジュールスタンダード：de jure standard）と市場の実勢によって

事実上の標準とみなされるようになった業界標準（デファクトスタンダード:de facto standard）の規格がある。公的標準では英数字，記号さらには漢字のコード体系やLANのイーサネットなどが代表的である。また，業界標準ではインターネットのプロトコルであるTCP/IPやマイクロソフトのパソコン向けOSなどがある。各社は優れた技術開発により，いかにスタンダードとなりうる製品を開発するかにしのぎを削っていて，一旦デファクトスタンダードが確立した分野においては，その規格に対応した製品や互換性を持つ製品が高いシェアを占めるようになる。

　最近の情報機器の標準化の争いの例では，現在のDVDの規格は東芝を中心とするHD VD陣営とSONYを中心とするBlu-ray Disc陣営に分かれていて，規格統一の動きもあったが物別れに終わり，共通規格での開発は無理になった。そして，2008年になってハリウッドの映画界がBlu-ray Discを支持するようになり，このDVDの規格争いは終止符が打たれた。ネットビジネスの世界ではコンテンツを持っている企業がいかに強いかを示す一例でもある。複数の規格が存在することは消費者にとって互換性のないものを使用する不都合が生ずる。開発が進んでからでは，各企業の立場があるため規格の統一，標準化という作業には多くの労力と時間を要するが，オープンな立場で消費者重視という視点を最優先に考慮することがメーカー側に求められる。

◆引用・参考文献
　　1 ）池田健治編『ビジネスと情報』，実教出版，2002.
　　2 ）川合慧監修『情報と社会』，オーム社，2004.
　　3 ）松下温『基礎Web技術』，オーム社，2002.
　　4 ）尾家祐二『インターネット入門』，岩波書店，2004.

第6章 新たな経験則とWeb2.0

　経験則というと「マーフィーの法則」が有名である。雨が降らないと思い傘を持たないで外出すると雨が降ったり，あの人と顔を合わせたくないと思っているとばったり出会ったりした経験はないだろうか。「失敗する可能性のあるものは失敗する」というのがマーフィーの法則で学問的には説明できないが，なんとなく納得できるのが経験則である。インターネットとパソコンという2つの道具が出現して世の中が変わると，そこに今までにない新しい経験則が生まれビジネスの世界で説得力を持つようになる。ここで取りあげる技術やビジネス分野での経験則はWeb2.0という新しいウェブの世界の潮流を生み出したいくつかのキーワードでもある。

1　ムーアの法則

　ネットの環境ではある意味でパソコンや情報機器さらにはコミュニケーションの費用が安くなっていき，誰もがコストを意識せずに自由にインターネットを使いこなせることが必要である。当初，サイズも大きく高価であった半導体が将来的には集積度が高まっていくことを予測したのがゴードン・ムーア（Gordon Moore）であり，ムーアの法則といわれている経験則の提唱者である。インテルのホームページによると『1965年，インテル共同設立者のゴードン・ムーアには未来が見えていました。「半導体チップに集積されるトランジスタの数は約2年ごとに倍増する」というムーアの予測は現

73

図表6-1 ◆ ムーアの法則がもたらすパフォーマンスの向上

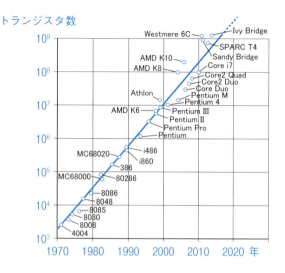

出所：ウィキペディア「ムーアの法則」

在「ムーアの法則」という名で広く知られています。』と書かれている。半導体のシリコン集積について語ったこの法則は情報機器の性能やコストにも当てはめられ、50年以上もたった現在も半導体の性能はその予測線上にあり、年々性能の向上とコストの低減という道を歩んでいる経験則となっている。

しかし近年はムーアの法則を裏付けてきた半導体の製造技術も変わり、今やこの法則は限界に達したという意見も出ている。

図表6-1が示すように、ムーアは「・・・インテル初のマイクロプロセッサは2,200個のトランジスタしか集積していませんでした。その後、我々は次世代に向けた取り組みを長年続けており、10億個のトランジスタを集積したマイクロプロセッサの実現を目指しています。それが実現した暁には、柔軟に製品を設計できるという点で、驚異的な効果が得られるでしょう。」と語っている。

それが実現されている現在、ハードウェア機器の値段は下落し、

性能は向上し，無料で使えるオープンソフトウェアやウェブを活用したアプリケーションソフトウェアも登場した。また，手軽に利用できる検索エンジンも提供されるなどムーアの法則が引継がれてきた情報技術の波及効果によってネットビジネスの発展もなされてきた。

2 メトカーフの法則

メトカーフの法則はムーアの法則のようにハードウェアというよりもコミュニケーション分野から生まれてきたものである。この法則はネットワークの基礎技術であるイーサネットを開発したボブ・メトカーフ（Bob Metcalfe）が1995年に提唱したもので「ネットワークの価値は加入者数の2乗に比例する」というものである。インターネットは電話と同様に加入者が増えればそれだけその価値が増大する。例えばインターネットの加入者が1人のときは相手がいないためインターネットを使う意味がなく，コミュニケーションが成立しない。しかし誰かが加入してくると2人の間でやり取りが可能になり，初めてインターネットに加入した価値が出てくる。さらに加入者が増えて3人になると6通り，5人になると20通りと，送受信を別々にカウントすると $n \times (n-1)$ 通りの通信が可能となる。加入者が10人になると90通り，100人になると9,900通りと10人の場合の100倍以上となって加入者数の2乗に近い形で急激に増加していく。

製品は利用者が多くなればなる程，それに適合した製品が多種類提供され，ますます価値が増大しデファクトスタンダードになり，価値を増大させるのと同じである。このようにメトカーフの法則は収益逓増に従うようになる。

収益逓増とは経済学で用いられる用語で，固定的な生産要素にひ

とつの生産要素の投入を続けることで投入量が増加すると，それ以上の割合で産出量が増加することを意味し，工場の生産規模が2倍になると大規模生産の効果で生産量が2倍以上になる。この考え方を敷衍して，ネットワークの社会では成功している者はますます強くなり，敗者となった者はさらに弱体化する傾向があるといわれ，いわゆる一人勝ちの状況を作りやすい社会といわれる。

3 ロングテール現象

ロングテール（long tail）の現象はアマゾンなどの特定のビジネスモデルを説明するために，米国のWired誌の編集長であるクリス・アンダーソン（Chris Anderson）によって提唱された。日本ではロングテールの法則とかロングテール効果ともいわれている。ロングテールの法則を説明する前に従来のビジネスにおける経験則であるパレートの法則について説明する。

▶ パレートの法則

パレートの法則はイタリアの経済学者ヴィルフレド・パレート（Vilfredo Federico Damaso Pareto）が1896年の所得配分の研究で発表した。彼は家庭菜園でえんどう豆を育てていて，豆の80％が20％のさやから収穫されていることに気づいたのがきっかけであるといわれている。

パレートの法則は経済分野以外にも，上述のように自然現象や社会現象にも当てはめられることが多く，別名「80対20の法則」として知られ，このほかにも「2：8の法則」，「80‐20ルール」などと呼ばれる経験則である。

自然界ではミツバチの世界でも，良く働くハチ20％と普通の働きをするハチ60％，あまり働かないハチ20％に分けられるという。

ビジネスの分野では「売上げの80％は20％の良く売れる商品で稼いでいる」とか「売上げの80％は上位20％の営業部員が生み出す」とか「売上げの80％は20％の優良顧客が生み出す」ともいわれる。また，「ある町の税収の80％は20％の高額納税者によって占められる」ともいわれる。

▶ ロングテールの法則

　ロングテールの法則はクリス・アンダーソンが気づいたようにアマゾンでの書籍を例に用いると分かりやすい。アマゾンは世界一のオンラインショップといわれ本来は書籍の販売であったが，現在は家電からファッション，食品，ベビー用品ほか5,000万点以上の品揃えと取扱商品を広げている。

　パレートの法則が一般的に受け入れられたように，今までのある特定分野における売上げは，よく売れる上位の20％が全体の売上げの80％を占めるといわれてきたが，書店では売れるがために上位の20％の書籍を数多く陳列または在庫しなければならなかった。そのため，その他の80％は死に筋商品として軽視されていたともいえ，上位20％の売れ筋商品を豊富に揃えることで販売機会損失（opportunity loss）をできるだけ少なくするというのが常識だった。

　しかし，アマゾンなどのオンラインショップは，店を構えている既存の小売店と異なり，在庫や物流のコストが大幅に少ないため，今まで焦点が当てられなかった80％の書籍を他の20％の書籍と同様に取り扱うことが可能となった。しかも死に筋といわれた80％の書籍の総売上高が売れ筋である20％の書籍のそれよりも大きくなったのではないかといわれ，この現象を説明するのに使われているのがロングテールである。恐竜の尻尾のような形をしたロングテールは上位の部分をヘッド（head），下位の部分をテイル（tail）ともいう。

図表6-2 ◆ ロングテールの法則

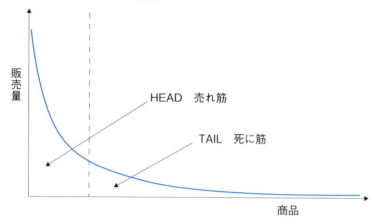

　この現象はネット上では書籍販売以外にも見られ，音楽のダウンロードを始めとする画像，ゲーム，ソフトウェアなどのデジタルコンテンツの販売にも適用される。これらのデジタルコンテンツは無体物であり，その価値であるコンテンツをネットで瞬時に直接利用者へ送り届けることが可能で電子商取引に最も適したものである。
　ロングテール現象は「塵も積もれば山となる」的発想であるが，従来多くの企業の常識だったヒット商品指向の考え方を適用できないネットビジネス上の新たな現象を説明するものである。この現象はパレートの法則が必ずしも適用できない下位80％を取り込み，それを集積することで新たなビジネスを生んでいることも事実である。自分のホームページやブログなどに企業サイトへのリンクを張り，利用者がそこを経由してその企業の商品を購入すると，ホームページやブログの管理者に手数料が入るという仕組みをアマゾンではアソシエイトプログラムと呼んで積極的に参加者を募っている。これによりアマゾンは世界中に多くの販売拠点もしくは営業部員というロングテールを持つことが可能になったことと同じで，これもロン

グテール現象である。

　これらは今までは不可能といわざるを得なかったビジネスのやり方がITで可能になり，新しいビジネスとして注目を浴びている点である。

4 集合知

　Web2.0を説明するキーワードのひとつに集合知（collective intelligence）もしくは集団的知性といわれる言葉がある。

　これはオンライン百科事典のウイキペディア（Wikipedia）やアマゾンの読者による書評などが代表例である。集合知を理解する言葉として人気ビジネスコラムニストのジェームズ・スロウイッキー（James Surowiecki）の『みんなの意見は案外正しい』（The wisdom of crowds）の書名が使われる。ただし「Wisdom of crowds：群集の叡智」と「集合知」は違うといわれているが，スロウイッキーはその著書で，一握りの天才や専門家の判断よりも普通の人が集まったごく普通の集団の判断の方が実は往々にして正しいことがあることを示している。

　ウイキペディアはインターネットユーザーによって自主的に記述・編集され，誰かがその間違いに気づけば修正を加えていくということを繰り返している。

　日々項目も増えていき，すでに既存の百科事典に質・量ともに負けない内容を誇っている。アマゾンの書籍に対する書評なども読者からのコメントの数が多くなればなる程その本に対する評価が定まっていくという考えであり，この手法は商品を購入した後の消費者の感想を集め，新たな購入者へのアドバイスとして利用されマーケティングに大きな影響を与えることもある。

5 Web2.0

　Web2.0とは米国のIT系出版社のCEOであるティム・オライリー（Tim O'Reilly）が提唱したもので，社内のブレインストーミング中に生まれ，それを世に問うために2004年，第1回のWeb2.0コンファレンスを行った。Web2.0は当時の新しいウェブのトレンドをいうもので，ネットサービスの新しい潮流をまとめた概念である。Web1.0という呼び方は当時存在しなかったが，それまでと世代が変わったということをアピールするために2.0にしたといわれている。

　インターネットの世界では以前より使い勝手が良くなったとか，新しいサービスが提供されてきているなど，我々が気づかないうちに機能が進化しているが，この背景にはビジネスモデルの変化をあげることができる。ひとつはソフトウェアのプラットフォームがOS中心からウェブ中心のモデルへ変化したことと，もうひとつは新しいサービスの提供との相乗効果で利用者が急激に増えたことで質的にも量的にも大きな変化が起こった。

　図表6-3にあるようにWeb2.0以前はOS中心のモデルであり，OSというプラットフォーム上で各種のアプリケーションが動いていた。ブラウザはマイクロソフトのOS上でネットスケープのネットスケープナビゲータが圧倒的シェアを誇っている状態であった。ところが，マイクロソフトが同社のWindowsと共にIE（Internet Explorer）を配布し始めたために，有償であったネットスケープナビゲータは市場競争力を失い，市場からほぼ撤退を余儀なくされるという事態が起こり，デファクトスタンダードとまでいえるマイクロソフトのOSが市場を支配するようになった。

図表6-3 ◆ プラットフォームの構造変化

アプリケーション	ブラウザ
OS	
ハードウェア	

OS中心モデル

	アプリケーション
アプリケーション	ブラウザ
OS	
ハードウェア	

ウェブ中心モデル

参考：SE編集部『WEB2.0キーワードブック』

　ところがWeb2.0の流れになると，OSの上ではなくウェブブラウ
ザ上でアプリケーションを無料で利用することが可能になり，自分
のパソコンにそのアプリケーションプログラムをあらかじめインス
トールしておく必要がなくなってきた。しかも，その使い勝手はあ
たかも自分のパソコンにプログラムがあるような感覚で使えるとい
うソフトウェアサービスの構造変化がもたらされた。つまりアプリ
ケーションプログラムのプラットフォームがOSからウェブに変わ
り，パッケージソフトであったアプリケーションプログラムは，
ウェブ上のサービスになってきている。したがって，**図表6-3**の
ウェブ中心のモデルにあるように，OSに直接依存しないアプリケー
ションプログラムの提供が可能となり，グーグルなどはマイクロソ
フトのOSに依存することなく無料でサービスを提供するように
なった。
　もうひとつの背景は，利用者の増大によってサーバやデータの量
も飛躍的に伸び，多様なサービスが提供されるようになるとともに
利用者のリテラシーも向上し，ブログ（blog）やSNS（Social
Networking Service）に代表される利用者自らが情報を発信すると
いうCGM（Consumer Generated Media）の動きが急速に出現した
ことである。また，アマゾンの書評のように利用者とともに作りあ

げるサービスも Web2.0 のトレンドである。

オライリーは2005年に発表した論文『What is Web2.0』の中で Web2.0の特徴となる以下の7つの原則をあげている。

①プラットフォームとしてのウェブ
②集合知の利用
③データは次世代の「インテルインサイド」
④ソフトウェアリリースサイクルの終焉
⑤軽量なプログラミングモデル
⑥単一デバイスの枠を超えたソフトウェア
⑦リッチなユーザー体験

上記の①及び②についてはすでに述べたので，③以降の内容に説明を加える。

③は今までパソコンの世界はウィンテル（Wintel）の時代といわれ，パソコンの中核であるマイクロプロセッサはインテル製のものが多数を占め，またOSはマイクロソフトのWindowsがデファクトスタンダードのように用いられてきた。その中でインテル製のマイクロプロセッサを使用している多くのパソコンには「intel inside」というラベルが貼られていてコアの部品としてインテル製のものが使用されていると表示している。これからのWeb2.0の世界を見たときにはサービスの中核となるデータ，つまり情報が重要な位置を占め，データを支配した者が優位に立てることをいっている。

④はこれまでソフトウェアは新しいバージョンが発売される毎に新製品としてソフトウェアパッケージの形で提供されてきた。これからはソフトウェアはモノではなくサービスとして提供されソフトウェアをウェブからダウンロードし，そのバージョンアップも自動的に行われ，新たなソフトウェアに伴う作業から解放されるように

なることをいっている。

⑤では企業がウェブサービスに乗り出すと複雑なシステムを構築したが，結果としてはシンプルで容易に扱えるプログラムを利用した方が成功した。この例としてウェブでの地図サービスがあるが，グーグルマップが受け入れられているのはこれが単純なサービスであり，ユーザーが自由にデータを利用できるようにしたからである。

⑥はWeb2.0の特徴のひとつはウェブを利用できるプラットフォームがパソコンだけに限定されないということで，携帯電話や多機能端末でいつでもどこでも使える環境ができている。この分野はWeb2.0の中でも新しい機器が増えるにつれ大きな可能性があると考えられる。

⑦のリッチ（rich）という言葉はウェブの世界ではコンテンツが文字のみでなく動画や音声も利用可能な表現の豊かなコンテンツという意味で使われる。オライリーはリッチなユーザー体験としてグーグルマップなどで使用されるAjaxを重要な要素としてあげている。

Ajaxとはウェブブラウザ内で非同期通信とインターフェースの構築などを行なう技術の総称で，これにより画面遷移を伴わない動的なアプリケーションを作ることができる。その代表例のグーグルマップで地図情報がパソコンの内部にあたかもロード済みであるかのようにマウスの動きに追随してシームレスに動作させることができる。

Web2.0はムーアの法則などの情報技術の発展，ネットワークのブロードバンド化の普及に代表される社会環境の進化，ロングテール現象による企業での新しいビジネスモデルの展開，一般利用者がネットワークへ積極的に参加するという意識の変化などが融合して

必然的に誕生したと考えられる。

　Web2.0がいわれ始めて10年以上たち，すべてが現実化している。Web2.0の後にくる新たな動きがネット社会で活発化しているが，人工知能やウェアラブル端末に代表される新しい機器などが新たな潮流を再び生む可能性を秘めている。

◆引用・参考文献
1）梅田望夫『ウェブ進化論』，筑摩書房，2006.
2）インテルウェブサイト
　　（http://www.intel.co.jp/jp/intel/museum/processor/index.htm）
3）丸山宏他「Webサービスの将来」『情報処理』，Vol.46,No.8，2005.
4）小川浩他『Web2.0Book』，インプレスジャパン，2006.
5）SE編集部『Web2.0キーワードブック』，翔泳社，2006.
6）CNET Japan『Web2.0：次世代ソフトウェアのデザインパターンとビジネスモデル』CNET Japanウェブサイト.
　　（http://japan.cnet.com/column/web20/story/0,2000055933,20090039-5,00.htm）
7）James Surowiecki，小高尚子訳『「みんなの意見」は案外正しい』，角川書店，2006.
8）『What Is Web2.0』
　　（http://oreilly.com/web2/archive/what-is-web-20.html）
9）ウィキペディア『ムーアの法則』
　　（http://ja.wikipedia.org/wiki/%E3%83%A0%E3%83%BC%E3%82%A2%E3%81%AE%E6%B3%95%E5%89%87）
10）Computer Weekly『ムーアの法則の終焉』
　　（http://www.itmedia.co.jp/enterprise/articles/1405/21/news0120.html）

第7章 経営手法と情報システム

　ITの発展でコンピュータは単なる道具から企業を支援する経営分析や経営手法を提供するシステムとしても利用されるようになった。そのため種々の情報システムが開発され，その役割も変化し高度化してきて業務の効率性をあげるものから，最近は多様な経営判断を支援するシステムになってきている。ここでは企業におけるコンピュータの利用形態とともに代表的な経営情報システムを概観する。また電子商取引の企業間取引のひとつの経営手法としてのSCMや企業と消費者間取引の範疇に含まれるCRMについても述べる。

1　経営情報システム

　システムとは何をいうのだろうか。英語の「system」はギリシャ語の「結合したもの」という意味からきているといわれる。したがって，システムとは共通の目的を持って働く要素のかたまりが結合したものと考えられる。
　複数の要素，つまり経営資源で構成された組織体がシステムの対象で，経営資源のひとつである社員にはそれぞれ果たすべき役割が与えられている。社員はあらかじめ設定された手順で他の社員や社外の人達と業務をすることで組織というシステム全体が正常に機能する。このようにシステムとは複数の要素が関係を結んで，共通の

目的のために機能することである。

　組織体に当てはめると，企業の共通の目的は利益をあげることであるが，野球やサッカーのチームは勝つことであって，それぞれの組織体はそれぞれの目的を持って機能している。また，複数の要素とは組織を構成する人やモノなどの資源である。特に経営資源として「人，モノ，金」といわれていたが情報社会ではそれに「情報」が加わり，最近はさらに「時間」,「技術」,「戦略」を加えた経営の7資源ともいわれる。これらの資源を有効に活用するために，これらを関係付ける手順に沿って各々が役割を実行し，組織体はシステム全体として目的を達成するように考えられている。

　図表7-1のように企業における情報システムは管理レベルによって業務情報システムと経営情報システムの2つに大きく分けられる。

　業務情報システムは企業の現場を支える基幹システムで，日常の業務処理とそれが計画通りに進捗しているかの管理である。製造業での生産管理や在庫管理システム，銀行では窓口業務システムなど多くの業務システムがある。

　業務システムは通常，メーカーの場合入力として仕入れ先から資材を調達し，処理し，出力として顧客にモノやサービスを提供する横方向のプロセスを支援し，定型的で定常的な形態をとるのが一般的である。これに対し経営情報システムは，どちらかというと縦方向のトップから現場までの管理プロセスを支援するものである。トップマネジメントの経営戦略に基づいた施策を下部の組織に伝え，それが計画通り実行されているかのフィードバックを得る考え方が基本のシステムである。

図表 7 - 1 ◆ 企業の情報システム

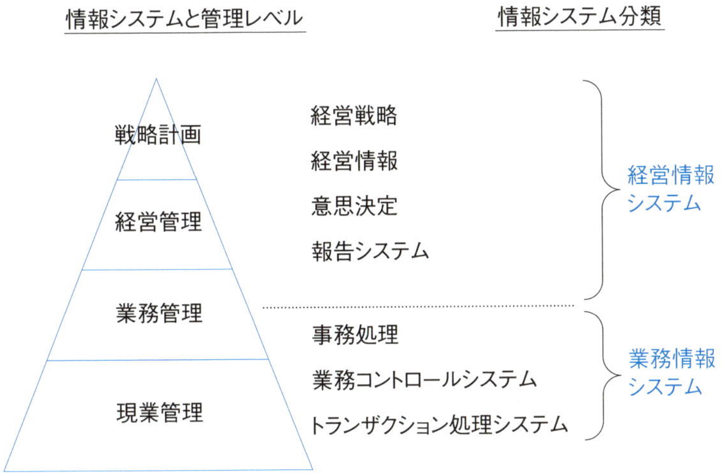

情報システムと管理レベル　　　　　情報システム分類

戦略計画

経営管理

業務管理

現業管理

経営戦略
経営情報
意思決定
報告システム

事務処理
業務コントロールシステム
トランザクション処理システム

経営情報
システム

業務情報
システム

2 経営情報システムの発展過程

　企業では情報システムを活用して業務の自動化を図り，効率を向上させることから経営情報システムへの取り組みが始まった。その後，経営の意思決定を支援するツールとして使ったり，新しいビジネスとしてのサービスや商品を提供したり，新しい市場開拓の戦略的なシステムとして利用することなどで競争優位の確立のためにその比重が移ってきている。代表的な経営情報システムが時系列的に高度化してきた過程を次頁の**図表 7 - 2** に示してある。

　経営情報システムでは業務の自動化が最も基本的な機能で，初期の頃の目的は省力化とコスト削減という業務の効率化を狙ったものであった。バッチ処理が主流の時代でトランザクション処理や簿記・会計などの主に事務的な処理に使われていて，EDPS（Electronic Data Processing System）と呼ばれる定型的な業務処理に効果をあげた。

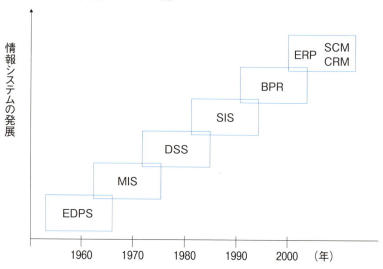

図表7-2 ◆ 経営情報システムの流れ

　1970年代にはEDPSを発展させる形でMIS（Management Information System）が登場した。MISの目的はデータ処理を全社的に統合し，必要な情報を必要に応じて必要な形で経営層に知らせることであった。当時はコンピュータの使用形態もオンラインリアルタイム処理が普及し，情報の要求に対して即座に返答できる技術的レベルにあったことで，全社的なデータベースを構築して情報の一元管理も可能となっていた。しかし，MISは業務処理や管理をする上での決定や判断も定型的なものに限られていたりして当初の目的通りには受け入れられなかった。

　1970年代からは非定型的な管理上の意思決定や判断にも直接役立つシステムとしてDSS（Decision Support System）が登場した。管理業務を行う人々に対話型の意思決定の情報を提供するシステムで意思決定者が自らコンピュータを操作し利用できるようにした。

　1980年代に入るとパソコンの普及やネットワーク技術の発展，さ

らにはパッケージソフトウェアが豊富になってきた。また，周辺機器も充実して資源や情報の共有化が図られ，エンドユーザーコンピューティング（EUC：End User Computing）という概念が出てきてDSSをサポートする環境も整っていった。1980年代半ばから90年代にかけて経営情報システムのより高度な使い方として経営戦略に利用できないかとの考えから戦略的情報システム（SIS：Strategic Information System）が登場した。これは差別化と既存の事業の質的改善を図ることで，組織の戦略的な競争優位を確保・維持することを目的とした。経営戦略に情報システムを活用するということで情報システムが経営と一体となって機能する時代になった。

　SIS以降1990年代に入り，経営情報システムのひとつの発展形態としてビジネスプロセスリエンジニアリング（BPR：Business Process Reengineering）の概念が受け入れられるようになった。ITを駆使した経営のリエンジニアリングが叫ばれ，顧客中心の企業活動を実現するために組織内及び組織間のワークフローやビジネスプロセスの分析，設計を行い業務プロセスやコスト，さらには品質の改善を目指すものであった。BPRの成果としてはプロセス指向の考え方が浸透し，ITと人的，組織的要因との関係を重視したことがその後のビジネス改革の重要性を認識する原動力となった。

　これまで続いてきた経営情報システムの流れを受け継いだ形で1990年代中頃からクライアントサーバシステムの環境を前提としたERP（Enterprise Resource Planning）という統合型ソフトウェアパッケージが注目を浴びるようになってきた。企業における直接的な部門である生産・販売・物流などの現場の業務とそれを支える財務・会計・人事などのバックオフィス業務を一元管理することで組織間の垣根を取り除き，各部門の業務を自動的に連携させて処理することを目指している。ERPは企業全体の生産性を向上させ資源の

計画的な活用を可能にするもので企業における実行系の社内基盤の
システムである。

3 サプライチェーンマネジメント

　ビジネス改革を推進する重要性を認識する原動力となったBPR
の考え方を企業間の関係にまで発展させた経営手法としてのサプラ
イチェーンマネジメント（SCM：Supply Chain Management）が
出てきた背景から考えてみる。大量消費時代の高度成長期は，各企
業はいかにして低コストで効率良く大量生産を実現するのか，その
ために，いかに生産性の向上を図るのかに努力を重ねていた。また，
販売機会の損失を避けるために在庫は多いほうが良いという安心在
庫の考え方が主流であった。すなわちメーカーが市場やニーズを
リードするプッシュ型市場であり，メーカーが優位な立場に立って
いた。しかし，世の中が豊かになりモノが余ってきて低成長の安定
期になると，消費者の嗜好の多様化でメーカーへの要求は多品種少
量生産となり，綿密な需要予測による生産計画，販売計画が必要と
なってきた。このような消費者主導のプル型市場は消費者のニーズ
や市場構造の変化が速いマーケットである。

　製造業はフォードに代表される大量生産方式が一世を風靡し，米
国が世界をリードしてきた。第2次世界大戦後復興してきた日本の
製造業は米国流の品質管理手法であるQC（Quality Control：品質
管理）を積極的に取り入れ，年功序列や終身雇用，改善活動などの
日本的経営で着実に成長を遂げ，特定の分野で世界をリードするま
でになった。日本的な経営の特徴のひとつの代表例はトヨタの「カ
ンバン方式」であり，JIT（Just In Time）を実現した。2つ目は
企業系列グループ内での取引が中心の安定した関係が生まれ，企業
間で情報が共有されていたことである。3つ目は狭い国土という地

理的環境で様々な産業が特定の地域に集約していたため，メーカーの要求に対しサプライヤーが結集し柔軟に対応できた。いずれにせよ日本的なシステムは各個人の技術や職務能力に依存するところの多いシステムである。

▶ 新しい経営手法

　車を始めとする日本の製品が米国民に使用されるようになったという米国の危機感を打破する2つの動きがSCMの考え方の確立とそれを支援するツールの開発を進めた。ひとつは米国が日本的経営の製造業を徹底的に調査・研究したことである。品質管理や生産管理の考え方を日本は米国から学んだが，逆に日本式の品質管理や生産管理，さらにはJITによる在庫管理システムなどを米国が日本から学ぶようになった。米国ではこれらの日本的な経営のあり方をマクロ的かつ科学的な視点から体系づけ，日本的経営研究の成果とITを結びつけて理論化することでSCMという新しい経営管理手法を生み出していった。

　さらにはSCMの理論的背景になった制約理論（TOC：Theory Of Constraints）の登場である。制約理論はイスラエルの物理学者エリヤフ・ゴールドラット（Eliyahu M. Goldratt）が考え出したもので，彼はこの理論をソフトウェア化して売り出したが売れ行きは良くなかった。というのもソフトウェアが高価でその理論が難しかったといわれている。そこで彼は制約理論の内容を小説にし，楽しみながら制約理論を学べるようにと1984年『ザ・ゴール』（The Goal）を米国で出版したところベストセラーとなり，米国の製造業のSCM構築に多大な影響を与えた。

　小説の中では制約理論に基づく最適化の手法「ドラム・バッファー・ロープ」（drum buffer rope）をボーイスカウトのハイキン

グの事例で紹介している。目的地へ全員揃って到着するには，歩く
のが一番遅い少年の速さに合わせる必要がある。この一番遅い少年
がボトルネック（制約）で，皆が彼の速度で進むようにドラムを叩
きながら行進するが，それでも全体のスピードが乱れる。そこで全
員をロープでつなぎ，間隔（バッファー）が開かないように調節す
ることで全員が一緒に目的地へ到着する。これと同じ手法を工程内
に適用し，最も処理能力の低い工程，つまりボトルネックの工程に
製造ライン全体の生産速度を合わせるようにする。次に，このボト
ルネックの工程に他からの資源を投入してボトルネックを解消する
と今度は別の工程でボトルネックが出現するので再びその解消をす
るという作業を繰返して全体の効率を高めていく。このようにシス
テム全体のボトルネックをどう管理するかがSCMでは重要である。

▶　サプライチェーンマネジメントとは

　SCMは1990年代から注目を集めるようになり，「Supply」は「供
給」，「Chain」は「連鎖」，「Management」は「管理」で直訳する
と「供給連鎖管理」となる。つまり，ある商品がメーカーから消費
者に届くまでの一連の流れを情報で結び，その全体を最適に管理す
ることである。サプライチェーンで企業間連鎖を構成するステーク
ホルダー（利害関係者）は以下の企業になる。

①サプライヤー：メーカーに部品や資材を供給している企
　業でメーカーはサプライヤーと購買取引関係を結ぶ。
②メーカー：製品の生産（組立・加工），商品開発（新製
　品開発や既存製品の改良），アフターサービス（消耗品
　の提供や保守，修理サービス）を行う。

③卸売業者・物流業者：メーカーと小売業者間の物流を代行する。最近は消費者がインターネットなどで生産者に直接注文するなど，これら仲介業者を経由しない取引も増えてきている。

④小売業者：小売店，百貨店，量販店（スーパー），コンビニエンスストア，無店舗販売業（オンラインショップ，通販）など商品を消費者に販売する。

これらの企業は商品が消費者に供給されるまで順に関係していき，これら企業間の一連のつながりのことを「サプライチェーン」という。

　サプライチェーンは商品が消費者に届くまでの「各ステークホルダーのつながり」であると同時に「業務の流れのつながり」としてみることも重要である。

　次頁の**図表7-3**の下段は業務の流れを示している。図にあるようにSCMではモノや商品，商売，情報，さらに金銭と4つの流れがある。モノや商品の流れはサプライヤーからメーカーへの資材や部品の供給から始まり，生産され，卸売業者や物流業者，小売業者を経て消費者へと川上から川下へ流れていく。この流れを「物流」という。モノや商品の流れに伴い発生し，それらの受発注や契約行為などの取引や商売の流れを「商流」という。「情流」とは商品や取引についての情報の流れで商品の需要動向についての情報なども含まれる。情流をいかにうまく構築し，情報を共有・活用するかがSCMの成功要因のひとつである。当然のことながら商取引には金銭の授受が発生し，これを「金流」という。各局面での金流を正しく把握し売上代金の回収を確実に行うことが重要であるのはいうまでもない。

　業務の流れで見るとサプライチェーンは各ステークホルダーの連

図表7-3 ◆ サプライチェーン

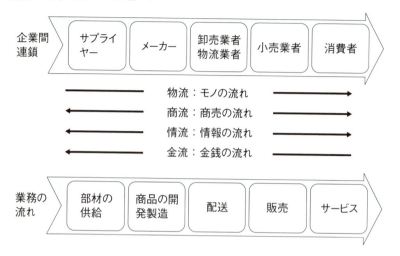

鎖であると同時に，この図にあるように川上から川下へ流れる業務の連鎖と見ることができる。したがってSCMは利害関係の異なる企業同士があたかもひとつの会社のように，共通の目的のために協働するバーチャルカンパニーである。なお，最近はこの連鎖に商品販売後のアフターサービスも含めて考えることが多い。

　SCMの狙いはすべての過程を最適化・効率化することであり，それにはサプライヤーから小売業者までのパートナーシップによる企業提携が必須である。野球では強打者までもが，状況によっては犠打で走者を進塁させるケースがあったり，また，強打者でなくても敬遠し満塁策などをとったりすることをチームが勝つための作戦として良く用いる。まさにSCMでも全体の最適のために部分の最適を捨てるというチームプレイ精神が求められる。

　さらに，現在の消費者主導の市場では消費者の視点に立って，消費者のメリットをいかに高めるかということを念頭に置いて作業を進めなくてはならない。

SCM活用の効果としては，品揃えを充実させて欠品防止に取り組み，販売機会損失を減少させ，売上増に結びつけることである。また，部品在庫，工程内仕掛品，製品在庫を始め，日本特有の商慣習である押込み販売や過度な納入要求で在庫があふれて切実な問題になっているケースもある。これらサプライチェーン内に存在するすべての在庫，つまり全体での在庫量の削減に努め，最適在庫を実現することは当然キャッシュフローの改善を期待できる。

SCMを成功に導くためには各企業がパートナー精神によって問題の解決，情報の共有，ITの積極的な活用によるプロセスの改善に取り組まなくてはならない。そして消費者を含めた各ステークホルダーが強者だけが利益を独占するウイン・ルーズ（Win-Lose）の関係ではなく，作り出された利益を皆で配分でき，お互いが満足できるウイン・ウイン（Win-Win）の関係を築くようにしなければならない。

4 顧客管理

企業間の関係を最適化するのがSCMならば，顧客との関係を確立し良好に維持する経営手法がCRM（Customer Relationship Management）である。CRMは「顧客関係管理」と訳されているが，単に「顧客管理」といわれる場合が一般的で多様な顧客ニーズに対応し，顧客満足度（CS：Customer Satisfaction）を向上させることを目的としている。つまり，顧客情報や取引履歴を一元管理して顧客を選別し，顧客ごとに最適な関係を作り，顧客満足度を高めて売上げを伸ばそうというものである。

この仕組みの例として良く用いられるのがポイント制や航空会社のマイレージ（mileage）に代表されるFSP（Frequent Shoppers Program）であるが，CRMの概念に似たものは過去の日本の商店

における大福帳の考え方や御用聞きの存在である。商店の店主や御用聞きは顧客の家族やその好みまで十分に把握した近所付合い的な取引で売上げのみではなく，個人との関係を作りあげて商売をしていた。

　従来の顧客管理は顧客の基本的な属性である住所，氏名，生年月日などに購買履歴を加えた程度のものであった。しかしネットの時代はこれまでと違い，これらの情報から顧客の要望を把握することが難しくなってきている。したがって，管理主体から顧客主体へと考え方の転換が求められ，良好な顧客関係を築くことで顧客と企業との関連を見つけ，企業のブランドやイメージに対する顧客の忠誠心を高めて継続購入してくれるリピーター（repeater）客を増加させるという顧客の囲い込みが必要である。それには顧客主体の考え方に焦点を当てて顧客データベースから顧客のニーズを発掘し，それに応じたマーケティングという切り口で顧客を分類するセグメンテーション（segmentation）を行い，ワンツーワンマーケティング（one to one marketing）に基づいた個人に合ったサービスの提供をすることである。これにより，その他大勢と異なった自分だけのサービスに顧客が満足すれば忠誠心の高い顧客として売上げに貢献してくれる。

　図表7-4にCRMにおける顧客対応の段階を示してあるがそれに説明を加える。

❶　顧客認識

　顧客のデータを分析し顧客のニーズに応えるには顧客情報と購買履歴のデータ収集が必要である。しかもそのデータは一部の範囲のものではなく，できるだけ特定の属性に依存しない多くのデータを集める必要がある。そのためにはFSPを活用した方が容易で十分

図表 7 - 4 ◆ 顧客対応の段階

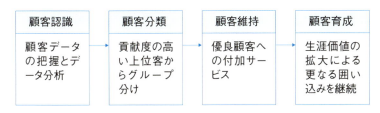

出所：丸山正博『電子商取引入門』

効果が出る。

❷ 顧客分類

　ワンツーワンマーケティングといっても現実には顧客への個別対応は限られる。したがって，よく似た属性を持つ顧客を分類して対応することになる。分類化された顧客の特性を明確にし，自社の提供する商品やサービスに最適なグループを顧客グループの中から見つけ出すことにより，顧客が望んでいるニーズに対応した商品やサービスを提供できる環境が整う。CRMとは顧客をすべて平等に扱うのではなく，自社にとって優良な顧客をいかに区別できるかということでもある。

❸ 顧客維持

　分類されたグループの中でさらに上位の優良顧客を選別すると，彼らに対して個別対応が可能になる。それらの顧客に対して焦点を絞って付加価値サービスの提供など更なる顧客対応を図り，その顧客との関係を維持していくことが必要となる。優良顧客は売上げや利益に対する貢献度が高く，パレートの法則で説明した上位客の20％で売上げの80％を占めるともいわれるくらい企業業績に対する影響は大きい。

❹ 顧客育成

この段階では更なる囲い込みをするための優良顧客として取引期間が長いことが条件となる。そのために，顧客としての継続期間や累積利益をいかに高めるかを考慮し，既にひいきになっている固定客を大切にして顧客との関係を育成していく観点が大事になってくる。

顧客との良好な関係を築き，維持することが企業経営の資産になるという考え方がCRMの基本であり，企業にとっていかに顧客という資産を増大できるか，つまり優良顧客の購入頻度，購入単価をいかにあげるかが業績向上に結びつく。このようにCRMが機能していると販売機会の拡大も容易で，それによって顧客との結びつきがさらに深まるようになる。

◆引用・参考文献
1）アイテック教育研究開発部編『コンピュータシステムの基礎』，アイテック，2013.
2）遠山暁他『経営情報論』，有斐閣，2003.
3）Eliyahu M.Goldratt，三木亮訳『ザ・ゴール』，ダイヤモンド社，2001.
4）丸山正博『電子商取引入門』，八千代出版，2004.

第8章 電子商取引

　ネットビジネスの中核をなす電子商取引の定義，従来の取引との違い，一般的な分類やその性質を理解することを本章の目的とする。
　また，電子商取引に求められる機能や電子商取引のメリット/デメリットについて考察する。さらに，B to B, B to C, C to Cについて触れるが，近年は2者間の枠を超えた取引が盛んになってきているのでその将来的な方向についても理解する。

1　電子商取引とは

　電子商取引（EC：Electronic Commerce）はe-コマースともいわれ，一般的に「電子ネットワーク，主としてインターネットを利用して商取引の一部または全部を行うこと」であるが広義と狭義の2つの定義がある。広義の電子商取引とは公的・私的機関を問わずコンピュータを介してネット上での販売・購買で，電話やファクシミリ，通常の電子メールによる注文は含まない。一方，狭義の電子商取引は広義の中のインターネット上の取引のみを対象とする。
　従来型の取引はすべて実体があり，人手もしくは機械で生産され，輸送機関によって配送され，人手によって実際の店舗で販売されるリアルな取引であるが，究極の電子商取引はすべての次元で電子的もしくはデジタル的な扱いで，モノの売買も実際に顧客と対面して

販売するのではなく，ネット上でバーチャルな販売活動を行い決済も電子的に処理される。取引対象の製品やサービスもインターネットでダウンロードするデジタルコンテンツか無形のサービスであり，実体のあるものを扱うのではなく配送業者がモノを届けるというものでもない。

　当然のことながら全部の取引が従来型とネット上の２つに分類されるのではなく，中間的な取引も電子商取引として存在する。電子商取引の発展とともに新しい販売チャネルを求めたクリック＆モルタル（click & mortar）がその一例である。これはインターネットによるビジネス（click）と現実の店舗でのビジネス（mortar）を組み合わせた手法で，既存の店舗で取引をしている企業がインターネットでも取引をすることをいう。例えばデパートなどでは今まで通りの既存店舗で従来型の商売をしているが，一方ではネット上にオンライン店舗を開いて商品を売っているケースである。この他にも企業間のネットワークで代金決済のみをやり取りしている場合も多くあり現実的には部分的な電子商取引を取り入れている取引が多い。自動販売機で商品を購入し，その代金をインターネットによらず電子マネーやスマートフォンで支払う無線を利用した取引なども電子商取引として考えるのが妥当であろう。

2　電子商取引の分類

　通常，電子商取引は取引の性質や取引者間の関係で様々に分類される。下記の中には同じ切り口で分類するのも難しい形態も含まれているが，B to B，B to C，C to Cが基本的で，その他はこれらの拡張や応用と考えられる。B to BをB２B，B to CをB２Cと表記することもあるが同じことである。

100

①B to B（Business to Business）：電子商取引で代表的な企業間取引をいう。

②B to C（Business to Consumer）：企業と消費者との小売取引で，企業が運営するオンラインショップと消費者との関係が代表例である。

③C to C（Consumer to Consumer）：消費者が直接他の消費者に販売する電子商取引である。オークションサイトで個人がモノを個人相手に売るのが主であり，個人サービスの広告や知識・専門性をインターネット上で売るのもこの分類と考えられている。

④政府機関・公共機関との電子商取引：政府・公共機関（government）と企業や消費者が取引するG to BやG to Cで，基本的にB to BやB to Cと同じである。

⑤P to P（Peer to Peer）の応用：通常P to Pは接続されたコンピュータ同士がネットワークを介してコミュニケーションすることをいうが，電子商取引ではこの技術をB to BやB to C，C to Cに用いることができる。例えばC to Cでの応用として，音楽などのデジタルコンテンツをお互いの機器同士で交換する取引が該当する。

　電子商取引が拡大していくと，例えば航空会社が旅行代理店にチケットを販売し，それを旅行代理店が消費者へ販売する取引などがある。これはB to B to Cの取引で，このような複数間での電子商取引もある。インターネットが普及した社会では電子商取引は新しい商品やサービスが消費者に提供される手段として発展していくものと思われる。

3 電子商取引の機能

　電子商取引は基本的に売り手と買い手の取引で，参加者は製造業や小売業を始め，運送業や倉庫業などの仲介業者，自治体などの各種団体や機関，さらには我々消費者が利害関係者となり，取引形態により売り手になったり，ときには買い手になったりする。電子化に伴い情報や音楽，ソフトウェアなどのデジタルコンテンツの取引もあり，従来のモノを保管する倉庫業の位置付けや役割も変わってくる。また，仲介業者として電子商取引の市場を運営するサービスプロバイダーや売り手や買い手に情報を選択し提供するエージェントのような新しい役割も生まれてくる。電子商取引においてもSCMと同様に「物流」，「商流」，「情流」，「金流」の4つの流れがあるが，物流については有体物とデジタルコンテンツのような無体物がある。

　今までの取引にも存在していたが，電子商取引では着目すべき機能として図表8-1にある認証を始めとするいくつかの役割や仕組みが必要となる。インターネットは自由でオープンなネットであり，それを介しての取引は見えない相手と取引することもあり，相手の身元や支払い能力の確認のために認証という手段がとられる。また個人が使用できる簡単な方法として第9章で述べるエスクローサービスという第3者のサービス会社が仲介し，入金を確認してから売り手に商品を発送させるなどの新しいビジネスモデルもある。取引の価格は交渉やオークションによって決められ，その支払い方法も多岐にわたる。

　商品もデジタルコンテンツではその改ざんやコピー防止の手段を考えた配送システムが要求される。また，ネットでのダウンロードが確実に行われたかの確認機能も必要になる。モノの配送では運送

図表 8-1 ◆ 電子商取引の機能

業者が現時点でどこまでモノが移動しているかを知らせる追跡サービスなども提供している。

　広告や検索もネットビジネスにおいて多種多様な方法が提供され，電子商取引にも積極的に利用されている。最適な方法や手段で商品の紹介や商品の検索を随時提供できるかが鍵であり，特に消費者対象の取引では購入後の感想や評価を収集し公開する仕組みの提供も必要である。

4　電子商取引のメリットとデメリット

　電子商取引はITの発展とともにその規模も拡大し，不特定多数の企業や消費者を対象とした取引ができスピードも速まった。ここでは電子商取引を利用する場合の企業や消費者のメリットやデメリットを考えてみる。

▶　企業側のメリット

　電子商取引での企業側のメリットとして以下のようなことが考えられる。

①**商圏の拡大**：インターネットがつながっていれば場所や時間を問わず取引ができ，容易に多くの顧客やビジネスパートナーを探すこともできる。

②**安価なシステム構築**：従来の専用回線を用いていたときと異なり，インターネットという安価なシステムで中小企業も参加できるようになった。また，店舗を必要としない無店舗販売が可能である。

③**運用コストの削減**：従来は商品説明のパンフレットやカタログを配布する必要があったがウェブ上にそれらの情報を載せるだけで済み，更新も容易である。買い手側も調達の自動化でコストの削減ができる。

④**消費者主導**：顧客の要望に応じた商品の発注を受けてから生産が可能となり，在庫の削減，顧客サービスの効率化が可能である。

⑤**処理時間の短縮**：電子商取引は取引全体のスピードが増し，開発期間の短縮にも貢献する。インターネットで協力会社と情報や図面などの共有をすることは開発期間の短縮のみならずコストの削減にもなる。

⑥**プロセスの標準化**：企業内の処理ではなく，社外とのネット接続が必要で，データの互換性が求められ，社内プロセスが標準化されリエンジニアリングにも効果的で生産性の向上にも寄与する。

⑦**個別対応**：特にB to Cにおいては顧客情報を収集し，CRMの手法で売り手と買い手の関係をカスタマイズした個別対応がITで可能になる。

▶ 消費者側のメリット

消費者にとっても以下のようなメリットをあげることができる。

①**24時間/365日**：消費者にとって最大のメリットはインターネットが使用できればいつでもどこからでも買物や取引が可能である。

②**多くの選択肢**：買い手は今までの商圏外から商品やサービスを選択でき，それらを比較検討して実質的なディスカウントを享受できる。

③**オークションへの参加**：オークションに参加でき，自分が売り手や買い手になることで不用品を処分したり欲しいものを安価で入手したりできる。

④**情報発信**：消費者を対象とした電子商取引のサイトには消費者参加のコミュニティや購入品の感想を投稿できる掲示板などが用意され，他の顧客との交流や情報交換のために情報発信できる仕組みが取り入れられている。

▶ デメリット

電子商取引はメリットばかりではない。インターネットという責任者がいないネットであるが故に不安な面もあり，いかなる保証もない。インターネットではパフォーマンスや確実性の問題があり，通信障害時のリカバリーや保証をどうするか，さらには通信が途絶した場合の危険負担をどうするかなどは事前の取り決めや契約書などで明確にしておくべきである。また，セキュリティの問題も重要であり，機密にすべきデータを暗号化して送ることや，部外者を外部ネットから侵入させないファイアウォールなどの配慮が求められる。

5 B to B

　B to Bの取引は企業と企業の取引が対象で商談，見積り，受発注さらには請求書の発行や決済をネット上で行う。売り手と買い手の企業がウェブサイトなどを使ってオープンな取引を行う電子市場や，これまで企業内で抱えていた業務をネットを介してアウトソーシングするサービス形態もある。

　B to Bが普及する以前にもネットワークを使い，特定の企業間の取引は行われていたが，その後インターネットでの標準的な技術を用いた安い投資でシステムの環境を構築することが可能となった。その結果，あらゆる業種，業態を含め様々な規模の企業がネットでつながり電子商取引に参加している。B to Bは単に他企業と取引をするだけでなく企業内の既存の情報システムやプロセスとの統合で，企業における購買，開発，生産，配送，販売，顧客サービスの効率化を図り，最終的な目標として収益の向上を同時に実現することを目指して利用する企業が多い。このようにB to Bの電子商取引は取引機会の拡大をもたらすビジネスの拡大であると同時に経営の効率化であると考えられる。

▶　B to Bの形態

　B to Bの運営形態には次の4つがある。

①1：1の取引・・・・特定企業間の取引

②1：Nの取引・・・・ネット販売

③N：1の取引・・・・ネット調達

④N：Nの取引・・・・eマーケットプレイス

①の１：１の取引は売り手企業と買い手企業の２社間での単独取引で，EDI（Electronic Data Interchange）はこの形態であった。インターネットの時代になっても専用回線を用いて１：１の取引を継続している場合もある。それは大企業などのように取引が多額で煩雑になる場合や，取扱商品などの情報を他社に公表したくない場合などにこの形態が用いられる。したがって，この取引では情報の共有化による業務の効率化や取引先相手とのコラボレーションの意味合いが強い。

②の１：Nの取引は売り手企業が１社であるのに対して，複数の買い手企業が参加する形態である。売り手はネット上に商品やサービスの情報を提供し，買い手は自分の要求に合ったモノがあれば購入するという，売り手が複数の企業に商品を販売する売り手主導の取引である。このためには売り手に同業他社との商品やサービスの差別化やネット販売特有の対応などが求められる。

③のN：１の形態は参加する複数の売り手企業に対して１社の買い手企業がネット上での調達をする。買い手は希望する物品の情報をネット上に公開し，それに最適なモノやサービスの提供をしてくれる企業を調達先として選択する。これにより競合見積りが可能となり良い条件で迅速に効率的に調達できる。この形態の多くは大企業がサプライヤーから部品や原材料を購入する場合に用いられるが，売り手にとっては新規の取引先を開拓できるというメリットに反し価格競争に巻き込まれることもありうる。

▶ eマーケットプレイス

④のN：NのB to Bの取引は別名eマーケットプレイス（電子市場：e-MP：e-MarketPlace）といわれる。eマーケットプレイスとは電子取引推進センターの定義によると「複数の売り手，買い手が

参加するオープンな電子商取引の共通のプラットフォームである」となっていて，前述のネット調達やネット販売の両方の機能を持つ企業間取引所である。オープンということは系列やグループ企業に限られていた従来の取引を今まで取引経験のなかった参加企業にもその機会を与えて取引の範囲を広げ，より多くの選択肢の中から最良の商品やサービスを選択し企業活動にも反映させる意味がある。
eマーケットプレイスは複数のサプライヤーである売り手企業群，バイヤーである買い手企業群，及びその市場を運営する者で構成される。市場運営者はその仕組みを提供する独立した第三者のサービスプロバイダーか中間流通業者や商社，もしくはある業界が共同で設立するシステム運用会社などがその任にあたる。売り手は商品情報をeマーケットプレイスのデータベースに登録し，買い手は購入要求に見合った商品があるかどうかデータベースを検索する。通常は買い手の希望価格を見てサプライヤーが競り落とすオークションが一般的だが，買い手の提示価格である指し値に売り手が応じる逆オークションの形をとることもある。

図表8-2 ◆ eマーケットプレイスの概念図

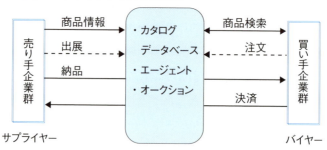

参考：加藤英雄『ネットワーク経営情報システム』

eマーケットプレイスでの売り手の最大のメリットは新しい販売先を低コストで効率的に開拓できることで，受注処理などを自動化し業務においてもコスト削減が期待できる。また，この形態を余剰在庫の処分に利用する場合が多く，早く処分することができればそれだけ収益の悪化を防げる。

　一方，買い手のメリットとしては調達や購買の取引先を低コストで探すことである。また，余剰在庫処分のマーケットへのアクセスも可能となり調達先が増えればそれだけ競争原理が働き選択肢が増え，価格面でも有利な条件で購入が可能となる。企業で定常的に購入する部品や資材あるいは日常使用する事務用品やサプライ用品などは電子商取引に適しているといわれる。

　市場運営者の役割は距離的，時間的制約を越えた場の提供で参加者の利便性を向上させ市場の集約化をもたらす。商品情報や取引情報を参加企業に有効利用させることが付加価値の提供につながり，サービスレベルをあげることができる。電子商取引が進むことで流通業者や商社などの中間業者の中抜き現象が起こるが，付加価値の提供という新たな役割の創出でその存在価値を強化させることも可能である。また，第三者のサービスプロバイダーなどが運営する場合には単なるシステムの提供だけでなく，専門的なITのコンサルティングが新たな業務の拡大になり手数料ビジネスの可能性がある。

6　B to CとC to C

　B to Cは企業と消費者間の取引において企業が消費者にインターネットを利用して商品やサービスを提供するもので，オンラインショッピングがその代表例である。オンラインショップを多数集めて一元的なサービスをするオンラインショッピングモール（電子商店街）というビジネス形態もある。その他にインターネット上で商

品やサービスの売買の仲介や，人材派遣のサービスなどを行うのもこの範疇である。さらに株式の売買などの金融商品を扱うオンライントレードなども代表的な例である。

　基本的にB to Cのビジネス形態は，消費者が企業のショッピングサイトで商品を選択し買物をする仕組みである。この分野に最初に登場してきたのは一般消費者を対象とした通信販売などのカタログ販売やチケット販売など既存の無店舗販売の業態である。これ迄の電話やFAX，郵便などの媒体に加えインターネットという新しい販売チャネルが増えたことになった。

　B to Cの取引は**図表8-3**にあるように大きく4つに分類できる。直販は最も一般的なB to Cの形態で消費者が企業のサイトで直接購入する方法である。この事業者はアマゾンなどのように物理的な店舗を持たずネット上にだけショップを運営するものと，前述のクリック＆モルタルの2つに分けられる。前者は少ない資金で開業できて参入が比較的容易であるが競合サイトも多く，認知してもらうための広告・宣伝活動や物流・決済の仕組み次第で利用者の反応も異なり，継続するにも多額の資金が必要となる場合が多い。

図表8-3 ◆ B to Cの概念図

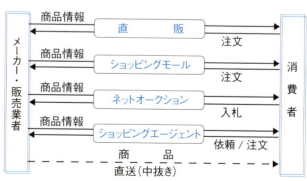

参考：加藤英雄『ネットワーク経営情報システム』

ショッピングモールは消費者にとってワンストップショッピングも可能で商品購入の利便性を高めてくれる。モールの運営事業者の収入は出店者からの出店費用や販売高に応じた販売手数料などである。代表例としては，ポータルサイトの一分野としてモールを運営しているヤフーやモール専業の楽天が有名である。これらのサイトを利用することで小さな企業や一般個人も独自で仕組みを構築することなく容易にネットを利用したビジネスに参入できる。

B to Cの環境を提供する手段としてキオスク情報端末（KIOSK terminal）がある。キオスク情報端末はコンビニエンスストアなどの人の集まるところに設置されている，いわゆるマルチメディア機能を有した情報サービスを提供する端末であり運用センターと回線で結ばれていて，一種のポータルサイトを提供する運営形態である。広く情報提供や商品・チケット販売などをして，設置場所の集客，利便性の向上の一助として活用されている。

消費者にとってネット上での取引に不安があるものの，パソコンとインターネットの普及による消費者の情報リテラシーの向上，セキュリティ確保への技術的手段による対応，企業側のインターネットを活用した新しいビジネスモデルの実用化などでB to Cは急速に伸びている。

C to Cは個人と個人との間での電子商取引で，個人同士が行うサービス活動である。ウェブサイト上での個人的な売買やオークションなどが代表例であり，ネット上の個人売買型の蚤の市的なものである。ネット上にシステムを提供し，出品者として参加した個人から手数料を徴収するオークションをC to Cに分類する場合が多い。個人同士の取引は相手の顔が見えないなどの不安要素があり，あくまで自己責任であることを忘れてはならない。

電子商取引が拡大する要因としてインターネットの普及や購買機会の増加をあげることができるが，電子商取引は今後も引き続き高い伸び率が続くことは確実である。また，より利用し易い取引方法を実現する検索方法や購入時のサポートの改善，さらにはスマートフォンなどのモバイル機器からのショッピングも一般化して今後も市場規模は拡大するであろう。決済方法にも電子マネーを活用した容易な支払い方法が普及し，B to CやC to Cの発展に寄与すると思われる。

◆引用・参考文献
1）加藤英雄『ネットワーク経営情報システム』，共立出版，2004.
2）齋藤孝文編『ECと情報流通』，裳華書房，2001.
3）Raymond Frost他，麻田孝治訳『インターネットマーケティング概論』，ピアソン・エデュケーション，2000.

第9章 ビジネスモデル

　インターネットやパソコンを使って今迄にないビジネスを行うこと自体が従来のビジネスと違う仕組みやプロセスを必要とし，新しいビジネスモデルということができる。

　ここではこのようなビジネスモデルが従来のビジネスと発想が変わってきていることに注目してビジネスモデルとは何かについて理解する。さらに基本的なビジネスモデルを学ぶとともにその代表的な事例についても説明する。最近はフリービジネスの時代といわれるようにデジタルの世界では様々なサービスを無料で提供するビジネスが盛んである。

1 ビジネスの変化

　従来の顧客は取引においては受身の立場であったがネットビジネスでは積極的な共同企画者もしくは生産者となり，新製品や新しいサービスの提供に多くの関り合いを持つようになった。

　顧客の要求をマスでとらえた少品種大量生産という生産方式では要求が多様化した新しい需要に応えることができなくなり，個別対応が求められるようになった。特に，顧客要求への対応ではメーカー側が予測した結果に基づいてマーケットを特定していたが，新しいビジネスモデルではセグメント化されたマーケットや顧客からの個別要求への対応が求められ，モノやサービスの提供に顧客重視のビジネスモデルが求められている。また，価格もインターネット

から即座に情報を得ることができ，それに基づいての価格交渉も日常的となってきている。物流においても大量輸送から多頻度小口配送によって鮮度の高い商品の輸送や在庫の削減などの要求に応えるようになった。さらに中間業者の中抜きでメーカーからの直送あるいは物流業務をアウトソーシングすることも業務の効率化やコスト削減のために取り入れられている。

　競争優位の主力はマーケティング力であったが，新しいモデルでは販売・業務・開発・製造部門と一体化したマーケティングに加え，CRMによって顧客との関係を築きあげ，顧客をパートナーとして扱う戦略的なマーケティングが他社との差別化で重要と考えられている。従来型のモデルをプロダクトドリブン（product driven）のモデルといい，このような新しいモデルをマーケットドリブン（market driven）という。

　企業が製品やサービスを消費者に届ける従来型のモデルは自社の強みや専門領域を生かしたコアコンピタンスが発想の原点で，自社内で製品を企画し，仕様をまとめ，開発・製造していた。同時に販売計画に基づいた生産計画も策定され，各部門が既存のプロセスで処理して製品やサービスを完成させ，それを卸売り業者や代理店，小売業者などの外部の仕組みである流通チャネルを介して消費者へ届けていた。

　これまでのビジネスの流れを内側（企業）から外側（市場・顧客）へ向かっていくインサイド→アウトとするとマーケットドリブンのモデルはアウトサイド→インの発想となる。これは顧客ニーズが出発点で，どのような流通チャネルを使って顧客に製品やサービスを届けるのが最適なのか，顧客ニーズをどのような形で実現するのか，社内のどの部門でどのようなプロセスに沿って処理するのか，あるいは新しいプロセスが必要なのかを検討する。さらに顧客の要望で

図表 9 - 1 ◆ ビジネスモデルの発想の変化

	従来のモデル	新しいモデル
顧客	ニーズへ	ニーズから
流通チャンネル		
製品・サービス	完成品	要求
プロセス		
企画・仕様	メーカー	顧客

　ある製品やサービスをどのように開発・製造するのか，すべて自社内のスキルで対応できるのか，不足しているスキルの外部調達もしくは外部へ委託する必要があるのか，といった一連の流れを顧客の視点から出発して考えることが新しいビジネスモデルの発想である。

2　ビジネスモデルとは

　ビジネスモデルとは簡単にいうと「ビジネスで儲ける仕組み」といえる。特に，ネットビジネスではコンピュータやインターネットを活用して事業として何を行い，どのように収益をあげるかの手法ともいえる。またこの手法を特許にしたのがビジネスモデル特許で，新規性や進歩性の特許要件を満たし，コンピュータのハードウェア資源で，処理するものを対象としている。

　ビジネスモデルの定義も多々あるがここでは國領二郎が『オープンソリューション社会の構想』で提唱している定義を説明する。

① 誰にどのような価値を提供するか

② その価値をどのように提供するか

③ 提供するために必要な経営資源をいかに集めるか

④ 提供した価値に対してどのような収益モデルで対価を得るか

このようにビジネスモデルを4つの課題に対するビジネスの設計思想であると定義しているが，情報が生む価値を基盤とするビジネスと従来のモノが生む価値を基盤とするビジネスは異質である。したがって①ではモデルによって提供する価値が大きく異なる。例えば発注業務を電子化すると単に紙媒体を電子媒体に置き換えると考えられるが，電子化することで顧客の在庫状況，消費状況などを正確に把握でき在庫管理事務を大幅に合理化する効果を発揮する。②の価値の提供メカニズムは分業体系の組合せでSCMの設計問題であると指摘している。③はビジネスを営むために必要な人的，物的経営資源の調達の問題であり，④は何を料金の対象として，どのような料金体系にするかというモデルの構築である。

技術の進化で新しいビジネスモデルが創出され多様化してきているが，構築するビジネスモデルを明確にして各課題に対する具体的な戦略を立案することが大事である。

3 ビジネスモデルの収入源

企業は収入をあげ利益を得ることが目的であり，いかにその利益を多くすることができるかはビジネスモデルの優劣によるといっても過言ではない。

ネットビジネスにおいて新たなビジネスを支えているフレーム

ワークは2つある。ひとつはコンテンツを集め，そのコンテンツを
ネット上に作成することであり，もうひとつはそれを配信して収入
を得るビジネスである。これらは記事を集め雑誌を出版するビジネ
スと基本的に同じであるが，コンテンツがデジタルであるため，今
までの紙媒体ではなくネット上にコンテンツを作成することが必要
で新たなビジネスを生み出した。

　では，ネットビジネスでの収入にはどのようなものがあるのだろ
うか。

①**販売収入**：サイト上に掲載してあるモノやサービスを
　　売ることによる収入で，通常の店舗の売上げと同じで
　　ある。
②**手数料収入**：モノやサービスの販売を仲介することに
　　対して支払われる手数料収入で，取扱い金額もしくは
　　取引件数に応じて手数料を決めるのが一般的である。
③**定期収入**：定額の会費のようなもので，サイトからの
　　情報配信を継続的に提供することによる収入である。
　　定額制のモデルは毎月支払う公共料金のように事業者
　　にとっては従量制よりも安定した収入を確保できる。
④**広告収入**：他社の広告を自社のサイトに掲載すること
　　でその広告料を収入とする。インターネット上で無料
　　のサービスを提供している多くは広告収入によるビジ
　　ネスモデルによって成り立っている。

　これらの収入を得るためのサービスとしては商品販売，情報提供，
旅行代理店のような仲介サービスなどがネット上で提供される。

4 代表的なネットビジネスモデル

　ビジネスモデルは企業が収益をあげて継続してビジネスを行うための方法でそのモデルは千差万別である。ここではネットビジネス特有の代表的なビジネスモデルについて述べるが，多くの企業は他のビジネスモデルや，別の要素や資源などと組み合せた形で実際のビジネスを行っている。

▶　オンラインショップ

　B to CやB to Bに代表されるネット上の取引で，企業がウェブ上に掲載した商品情報を消費者が見て注文することで電子的に取引が成立する。

　オンラインショップの代表例はアマゾンであり，創始者ジェフ・ベゾス（Jeff Bezos）は1994年にインターネット書店を開業し，翌1995年にアマゾン・ドット・コム（Amazon.com）が設立された。当初，業績は不振だったが，米国という広い国土で街に書店やCDショップが少ないことも幸いし，堅調な成長を続けて2003年に黒字化してからは急速に業績をあげている。日本ではアマゾンジャパンが2000年に営業を開始し，現在アマゾンのサイトは米国と日本に加えカナダ，英国，ドイツ，フランス，中国，イタリアでウェブサイトを運営し，世界各地で50か所を超える物流センターを設置している。今や取扱製品も書籍のみならずDVDやゲーム，エレクトロニクス製品，日用生活品など多種にわたり，世界最大のオンライン店舗となっている。さらに業界でも有数の電子商取引のプラットフォームを他の小売業者や個人の売り手にも提供している。

　また，アマゾンは次々と新しいビジネスモデルを考案し実用化している。その代表的なものは「ワンクリック」といわれるビジネス

118

モデル特許である。一度消費者が自分の名前や住所，決済方法など
を登録しておくと，次回以降は一度のクリックだけで商品の購入・
決済が行われる仕組みである。この他にも技術的にアマゾンの成長
を支えてきたものは「アソシエイトプログラム」と「リコメンデー
ション」である。アソシエイトプログラムは消費者があるサイトを
経由してアマゾンの商品を購入すると，そのサイトの管理者に手数
料が支払われる。また，リコメンデーションはアマゾンで品物を購
入すると「○○○を買った人はこんな商品も買っています」という
別の商品を勧めるメールが送られてくる仕組みである。この他にも
アマゾンはウェブでの技術開発を続け，第４章で述べたクラウドコ
ンピューティングサービスを提供している。また，2009年には電子
書籍端末のキンドル（kindle）を発売し電子書籍サービスにも進出
している。

▶ フリーミアム

　ネットの世界ではサービスを無料で提供するモデルが一般的であ
る。それが可能なのは，たとえばサービスに関係するような他企業
からの広告料などを収入源としているからである。

　ロングテール現象を指摘したクリス・アンダーソンがウェブのビ
ジネスモデルとして一般化しているこの無料のモデルを誰かがタダ
の部分を払っているとの観点から，2009年に『FREE』（日本語訳『フ
リー』）を出版し，この中でフリーのモデルを４つに分類している。

　ひとつは「直接内部相互補助」と呼んでいるもので，消費者の気
を引いて他のものを買ってもらう考えで無料体験や１個目はタダと
いうモデルである。

　２つ目は「三者間市場」といって広告収入に依存する事業で様々
なコンテンツサービスが当てはまる。３つ目は「フリーミアム」，

図表9-2 ◆ フリーミアム

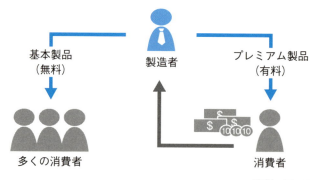

出所：FREEMIUM.jp

つまり「フリー（free）＋プレミアム（premium）」の造語を使っているモデルである。**図表9-2**に示すように基本サービスを無料で提供し顧客を集め，その中の何割かに有料で高機能のプレミアム版を買ってもらうというもので，デパートなどでやっている試食・試飲と同様にその中の何人かに買ってもらえれば良いという考え方である。しかし，今までと異なるのはデジタルの世界の話という点である。デジタルデータは簡単にコピーを大量に作り配布することで今まで対象とできなかった多くの顧客に知ってもらえる。その中の数％が有料版を購入すれば分母が非常に大きいためビジネスとして成り立つモデルである。4つ目は「非貨幣市場」で人間の心理として評判や期待を得たい願望や善行をする満足感を利用し，対価を必要とせずに提供できるモデルとしている。この例ではアマゾンのブックレビューやウイキペディアへの投稿などをあげている。

　この中には昔から同様な考え方のものもあるが，ネット利用者の増加，ムーアの法則によるIT機器の小型化・低価格化，情報の価値化などでネットビジネスとしての無料ビジネスが可能となった。

▶ ネットオークション

　オークションとは「競り，競売」のことでネット上に提示された商品をある一定期間内で買い手に価格を競わせ入札締切り時点で最も高い入札価格をつけた買い手に販売するモデルである。このビジネスモデルはネットビジネスの初期の頃から存在し，多くの場合自社で直接販売するのではなく売り手と買い手の間に立ったオークションの場を提供する仲介者が存在する。

　一方，売り手ではなく買い手が価格を決める，つまり指し値を設定する逆オークションの形態もある。この代表例では，1997年に設立された米国のPriceline.comが有名である。Priceline.comは，航空会社が平均して30〜40％の空席率で運行しているのに注目し，この不良在庫を消費者の指し値で販売するビジネスモデルを構築した。希望者の指し値情報を提携先の航空会社に知らせ，見積価格の入札を受けて希望条件に合った価格があればPriceline.comはその価格とともにその他の条件を希望者に知らせ，購入希望価格以下の入札がなければその旨連絡する。もし，希望条件に見合った便があれば自動的にクレジットカードから決済される仕組みになっている。

図表9-3 ◆ Priceline.comの逆オークション

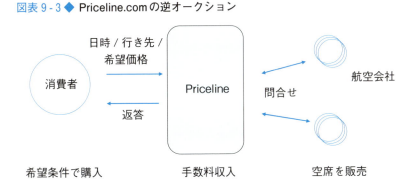

▶ エスクロー（escrow）サービス

　電子商取引では支払いにクレジットカードを使用するとカード番号を知らせる必要があるが，注文した商品が確実に届けられるという保証があるわけではない。売り手と買い手がお互い知らない者同士や遠隔地であったりして取引が無事に成立するかの不安を解消するのに役立つモデルである。

図表9-4 ◆ エスクローサービス

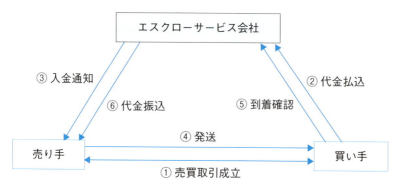

参考：丸山正博『電子商取引入門』を改変

　このサービスはこのような売買に際しての代金の支払いと商品の引渡しを円滑に行う目的で，第三者が仲立ちして一度代金を預かることで売り手と買い手の間を仲介するビジネスモデルである。この流れは**図表9-4**に示してあるが手数料をとられるにしても，代金を払ったのに商品が届かないとか，商品を送ったが代金が支払われないなどのトラブルを防ぐモデルで宅配業者などが行っているサービスのひとつである。

▶ O2O（オーツーオー）

　モバイル端末が普及することにより新しいマーケティングのビジネスモデルとしてO2O（O to Oとも表記）という言葉が出てきた。

O2Oとはオンラインショップなどの「Online」側と「Offline」側の購買活動や販売活動がインターネット上でのつながりをきっかけに相互に連携しあう活動のことを指している。電子商取引の分野では第8章で述べたクリック＆モルタルは企業がオンラインショップとリアル店舗を各々運営していたが，集客や販売などでメリットを出すためにそれらを融合するようになり，O2Oと呼ばれるようになった。

　当初はネット上でクーポンを配布することでリアル店舗に客を誘引するなどの「Online to Offline」の意味だったが，**図表9-5**にあるようにリアルからネットへの誘引，つまり「Offline to Online」の意味でも使われている。これによりリアル店舗とオンラインショップとの垣根がなくなり，モバイル端末を利用した顧客が相互に行き来する行動をとるようになった。

　また，この動きと同様のことが消費者の行動にも出てきている。それがショールーミング（showrooming）で，商品の購入を検討する場合にリアル店舗で確認した現物をその店舗では購入しないで，

図表9-5 ◆ O2Oのイメージ

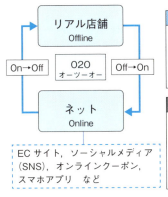

出所：総務省『平成25年版情報通信白書』を改変

ネット上で検索して店頭より安くその商品をオンラインショップで購入する形態をいう。その結果，リアル店舗は商品を見て確かめるだけのショールームと化し，客が来ても売れていないという状況になりうる。その対策として値下げや来店客が目を引くようなディスプレイやサービスの向上，さらにはショップ限定品の販売などの策を講じているところもある。

▶ **オムニチャネル**

前述のO2Oなどと同じようにネットビジネスにおけるオンラインショップの台頭が大手流通業はじめ小売店に大きな影響を及ぼしている。そこで新しい小売業のビジネスモデルとして注目されるようになったのがオムニチャネルである。米国の有力百貨店メイシーズ（Macy's）がこのオムニチャネル化を宣言したことで注目を浴びるようになったといわれている。メイシーズの考え方はリアル店舗と自社のオンラインショップとの垣根をなくすことであった。顧客が購入しようとする商品が店舗に在庫がなくても，その場でオンラインショップの在庫を調べたり他店舗からでも商品を用意することを実践しようとした。

このようにオムニチャネルとは小売店，流通業者が運営する店舗，オンラインショップや通販などのあらゆるチャネルを通して消費者に購買の機会を与えるとともに，商品を提供するネットとリアルを融合させたモデルである。日本ではセブン＆アイホールディングスやイオンなどは傘下のグループ企業の店舗を活用したオムニチャネル化を目指している。

▶ **デルモデル**

デルモデルとはコンピュータシステムメーカーのデルがパソコン

図表9-6 ◆ デルモデル（＊）

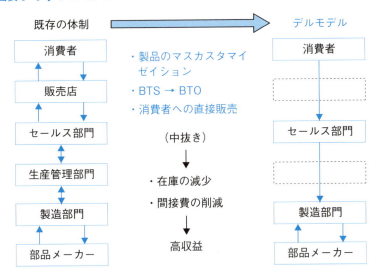

事業のために独自に作ったビジネスモデルで，デルダイレクトモデルともいわれる。デルはマイケル・デル（Michael S. Dell）が1984年に創業し，1996年には事実上のネット販売を始めた。このビジネスモデルにより1999年には世界No.1のパソコンメーカーへと成長した。デルモデルは顧客志向のビジネスモデルといわれるが直接販売とマスカスタマイゼーション（完全注文生産）という2つの特徴を持っている。

インターネットでの直接販売で顧客との関係を築き，製品の品質・機能・価格・納期・サービスなどについての価値を提供することをデルモデルの基本思想としている。この直接販売により**図表9-6**にある販売店や生産管理部門などの中抜きを行なった。したがって店頭販売は行なわず，顧客に対しての窓口はインターネットなどでデルのセールス部門が直接行なうことが基本であった。しかし，2007年春からは創業当初からの直販モデルに加え，店頭でのパ

ソコンの販売を開始し，日本でも同年夏に店頭販売を開始している。

　また，マスカスタマイゼーションは注文を受けて生産を開始する仕組みで，個人顧客の1台から法人顧客の大量導入まですべての製品にこのモデルを適用している。通常この生産方式は受注前生産（BTS：Build To Ship）に対し，受注後生産（BTO：Build To Order）といわれる。デルは複数の協力会社とSCMを構築してパートナー各社との情報共有を行い，必要なときに必要な部品の調達をしている。これにより完成品の在庫は持たず低在庫水準を維持し間接費も削減して高収益に結びつけていた。

（＊）2007年から前述のように，店頭販売もしているのでこのモデルはそれ以前のものである。

◆引用・参考文献

1）国領二郎『オープンソリューション社会の構想』，日本経済新聞出版社，2004.
2）丸山正博『電子商取引』，八千代出版，2004.
3）Amazon.com『About Amazon』　（http://www.amazon.co.jp/version2/b/ref=footer_about?ie=UTF8&node=52267051）
4）クリス・アンダーソン，小林弘人監修『フリー』，NHK出版，2009.
5）FREEMIUM.jp（http://www.freemium.jp/about）
6）総務省『平成25年版　情報通信白書』，日経印刷㈱，2013.

第10章 ソーシャルメディア

　人間本来の欲求として心理学者のマズロー（A.H.Maslow）がいう「自己実現の欲求」,「自我の欲求」,「社会的欲求」を満たすために，我々消費者はインターネットという道具を与えられ，他人とのつながりを求めて自らが情報発信しているように見ることができる。

　消費者はSNSやブログで積極的に発信するようになり，さらにTwitterの普及などでこれらのメディアはソーシャルメディアという言葉で総称されるようになった。一方，企業はこれらのソーシャルメディアを自社のマーケティング活動といかに結びつけるかを模索し続けているのが現状である。

1　ネットコミュニティの活用

　インターネットの発展やスマートフォンを中心としたモバイル環境がインフラストラクチャとして整備されていくにしたがって，ここ数年の間にブログ（blog），ミニブログ，SNS（Social Networking Service），クチコミサイトなどのネット上のコミュニティへの参加者が急増している。これらはネットコミュニティサービス，つまり情報交換のために提供されたネット上のスペースを利用しているグループに対するサービスである。

　ネットコミュニティは1980年代に始まったパソコン通信の時代か

ら存在していたが，当時のパソコン通信は加入している会員のみを対象とした閉鎖的なもので，プロバイダーまでの距離により電話料金が異なり，使用時間によって課金される従量制のものであった。しかし，これらは1990年代中頃のインターネットやパソコンの急速な普及により環境が変わった。さらに2000年代に入るとブロードバンドが一般化し，インターネットが新たなコミュニケーションツールとして注目されるようになった。近年はコミュニケーション系メディアの中でもソーシャルメディア（social media）といわれる一般の消費者が専門的な知識を持っていなくても自由に情報を発信できるSNSやブログ，ミニブログ，クチコミサイトなどが拡大し，ネット上のコミュニティを形成している。また，企業側もこれらのソーシャルメディアをマーケティングの手段として積極的に活用している。

2 ソーシャルメディア

　従来，インターネット上のメディアは通常の新聞や雑誌のように専門の書き手と編集者がいて内容を構成していく出版社と同じようなモデルでコンテンツを提供していた。

　しかしSNSやブログといったネットサービスの普及で，消費者自らの発信が容易になり，情報を直接投稿し掲載できるようになった。これらはインターネットを利用して消費者が情報発信していくメディアで消費者発信型メディア（CGM：Consumer Generated Media）といわれた。また，UGC（User-Generated Contents）という言葉も使われ，ユーザーによって制作・生成されたコンテンツを意味している。いずれもSNS，ブログ，クチコミサイト，動画共有サイトなどを対象としていた。2008年になり米国のオバマ大統領が選挙戦に活用したこともあってTwitterが爆発的に普及し，これ

らのメディアは人々の交流やつながりをベースとした情報伝達の媒体であるとの考えからソーシャルメディアと呼ばれるようになってきた。

　この本質は利用者自らが不特定多数の人々に対して情報を発信し，不特定多数の受け手もまた発信者に返事をして交流することでコミュニケーションをとるメディアである。つまり，「情報の発信者＝情報の受信者」であり，不特定多数のユーザーがネット上でフラットにつながっているネットコミュニティである。

図表10-1 ◆ ソーシャルメディアの分類

用　語	説　明
ブログ	時系列に並べられた日記風の記事と，それについてのコメントが定期的に更新されるウェブサイトのこと（例）Yahooブログ　など
ミニブログ	短いテキストを不特定多数又は特定のグループのみに展開するブログ形式のサービス　（例）Twitter　など
SNS	インターネット上で参加者同士が文字による会話を同時に行えるようにしたサービス（例）mixi, Facebook, LINE, Google+　など
クチコミサイト	インターネット上で情報を共有するサービス（例）@cosme, COOKPAD　など
動画共有サイト	インターネット上で動画等を共有するサービス（例）Youtube, ニコニコ動画　など
掲示板	電子的な掲示板サービス（例）Yahoo知恵袋，2ちゃんねる　など
ソーシャルゲーム	ユーザー同士で競い合ったり，交流することのできるオンラインゲーム　（例）GREE, Mobage　など

出所：総務省『ソーシャルメディアの利用実態に関する調査研究』を改変

　この背景にはインターネットの普及は当然のこと，ブロードバンド化やモバイル化といった道具の整備とともにWeb2.0に代表される新しいトレンドである利用者参加やオープン化といった流れが企業のみならず一般消費者をも巻き込んできていると考えられる。

図表10-2 ◆ 主なメディアの平均利用時間（全体・年代別・平日）

分

	全体	10代	20代	30代	40代	50代	60代
テレビ（リアルタイム）視聴時間	168.3	102.5	127.2	157.6	143.4	176.7	257.0
テレビ（録画）視聴時間	18.0	17.9	18.7	18.3	13.3	20.3	19.8
ネット利用時間	77.9	99.1	136.7	87.8	70.0	61.8	36.7
新聞閲読時間	11.8	0.6	1.4	5.8	8.6	18.6	28.0
ラジオ聴取時間	15.9	0.1	3.6	17.7	22.6	20.2	20.5

□ テレビ（リアルタイム）視聴時間　■ テレビ（録画）視聴時間
■ ネット利用時間　□ 新聞閲読時間　□ ラジオ聴取時間

出所：総務省情報通信政策研究所

ソーシャルメディアの分類の一例を図表10-1に示した。

ソーシャルメディアと比較されるのが従来型のテレビ，ラジオ，新聞，雑誌といったマスメディアである。マスメディアを利用して個人的に情報を発信するには膨大な費用と時間を要し，基本的に一方向のコミュニケーションである。一方，ソーシャルメディアは個人と個人，個人と企業との間でメッセージや画像・動画などの情報を瞬時に双方向で発信可能な点が従来のマスメディアと大きく異なる。

図表10-2に総務省の調査による主なメディアの2013年の平均利用時間を示している。平日の全世代の平均利用時間はテレビ視聴が168.3分（2012年：184.7分　以下カッコ内は2012年），ネット利用は77.9分（71.6分）とテレビ視聴に使っている時間が2倍以上である。さらにラジオは15.9分（16.1分），新聞は11.8分（15.5分）と他のメディアと比べネット利用の時間のみが増加している。ネット利用につい

130

ては年代が上がるほど平均利用時間は短くなるが，最も利用時間が長い20代では136.7分（112.5）分でインターネットの利用時間がテレビの利用時間を逆転している。

また，同調査では2013年の主なソーシャルメディア（mixi, Facebook, GREE, Mobage, Twitter, LINE, Google+）それぞれについて機器を問わず，どれかひとつのサービスでも利用している人のソーシャルメディア利用率も算出している。それによるとソーシャルメディアの利用率は全体で57.1％と過半数を超えていて，40代以下は過半数を上回る利用率になっている。前年と比べ若年層以外でもソーシャルメディアの利用が一般化しつつあり，今後幅広い年代で利用が進むと予想される。

3 ブログとミニブログ

ブログは「web」と「log」を組み合せた造語といわれていて，時系列的に日々更新される日記風のウェブサイトである。

ブログは消費者発信型メディアの中でも急速に利用者数を伸ばしているが，ウェブについての専門知識がなくても簡単にウェブページ（自分のホームページ）の作成が可能であり，携帯電話からも利用でき，トラックバックやRSS（Rich Site Summary）配信などのコミュニケーションを活性化させる機能を備えていることが普及の要因になっている。さらに，ブログはインターネットの技術に準拠しながらページ構成が簡単で，URLが固定化されるため検索システムで使い易くなっている。また，ブログはSNSのように会員制のクローズドのコミュニティではなく公開されるので，ネット上で誰もが閲覧可能である。

トラックバックとはブログの機能のひとつで，従来までのウェブのリンクは一方向であったがトラックバックはAとBとの間に双方

向のリンクを張ることができる。RSS機能とはウェブサイトの各ページのタイトルや見出し，更新した時刻などを記述できるフォーマットで，主にサイトの更新情報を配信するのに利用されている。情報を利用者に自動的に届けることも可能で，従来のホームページに代わり，企業が特定の商品についてより消費者との距離を近づけるためのマーケティングツールとしてRSS機能を活用しているケースが多い。この他にもブログにはあるブログ記事を閲覧した人がその記事に対するコメントを投稿できる掲示板のようなコメント機能も持っている。

　このような機能によってブログはブログの著者と閲覧者同士さらにはコメントの読者などによるフラットなコミュニティが形成され，個人の情報発信を促進している。よくカリスマブロガーとかアルファブロガーといった社会や消費者の意見や評価に影響を与える人達のサイトが人気を博し多くの訪問者数を集めている。また，ブログ上で話題になっているキーワードのランキングや様々なブログでどのような話題が関心を呼んでいるかの変化をリアルタイムで提供するサービス，さらにはブログ専門の検索エンジン等も提供されて情報発信のツールとしてのブログを無視することはできない。

　このようにブログは今まで知り合うことがありえなかったような同じ趣味，嗜好を持った者同士の対話が可能となり，自己実現や連帯感といったコミュニケーションの要求を満たしている。しかし容易に参加できるが故に，何らかの意図を持った者の開設や，一方的な書込みなど情報発信のすそ野が広がるとともにその内容や情報の質の低下，倫理観の欠如といった問題を抱えているのも実情である。

　ミニブログはブログの一種であるが，利用者は短い文章で日常の出来事や感想を投稿するソーシャルメディアのひとつで，リアルタイム性の高い気軽な緩いコミュニケーションといわれチャットをし

ている感覚で利用できる。

今やミニブログの代名詞として使われているTwitterであるが日本では2008年からサービスが開始された。Twitterは最大140文字でその時々の思いや独り言を「つぶやき」（tweet：小鳥のさえずり声）としてインターネット上に発信できるサービスである。自分が関心のあるユーザーを登録（フォロー）しておくとその人の発言があるたびにその投稿が時系列で表示される。しかし，気軽につぶやくことができるが実際は不特定多数に公開されるのでプライバシーや，なりすまし発言，機密情報の漏えいなどには気をつける必要がある。

4 ソーシャルネットワーキングサービス

SNSとは参加者がお互いに友人・知人などを紹介し合い，社会的ネットワークをオンラインで提供することを目的とするコミュニティ型のインターネットサービスである。SNSの特徴としては既存ユーザーからの招待による会員制であり，会員の非匿名性，各種コミュニケーションツールの充実などがあげられる。つまり，半クローズドなネットワークであり，同じような趣味，嗜好を持った人々が集まりやすいグループで，企業側から見ると利用者の趣味やニーズに合った広告を効果的に表示できるなどマーケティング戦略上の利点があると考えられている。ただし，最近は誰でも登録できる非招待制のSNSサイトもある。

SNSは1990年代に米国で誕生したサービスで，2003年に米国でFriendster，2004年にグーグルがOrkutを開設し爆発的に広がった。日本では2004年にGREE，mixiなどがサービスを開始している。

SNSのようなクローズドの社会では第6章で述べた「ネットワークの価値は加入者数の2乗に比例する」というメトカーフの法則が適用される。この法則によれば普及率がある一定の値を越えると飛

躍的に利用者が増え，価値が高まるといわれている。つまり，同一のSNSに多くの利用者が加入すればする程，多くの利用者との交流が可能となりそのSNSの価値が高まるので，今後さらに会員数を増やせるかが発展の鍵を握っている。

多くのSNSではウェブメールと同じようなメッセージ送受信機能やチャット機能に加え，以下のような基本機能を提供している。

・プロフィール機能：自分のホームページを持つことができ，個人のプロフィールや写真を掲載
・日記機能：ホームページには公開する範囲を制限できる日記の書き込みが可能
・グループ機能：特定の仲間とだけ情報やファイルの交換が可能

この他，各種のアプリケーションをインストールすることで機能を追加できる。以下，Facebook，LINE，Google+について簡単に触れていく。

▶ Facebook

Facebookは2004年にハーバード大学の同級生とともにマーク・ザッカーバーグ（Mark Elliot Zuckerberg）によって同大学の学生間の交流を図るための登録制のサイトを作ったのが始まりといわれている。その後，他大学へも広げるなどして会員数を増やし，今や世界最大のSNSである。Facebookは実名でのサービスが原則で，現実世界での知り合いと実名でコミュニケーションできるため，昔の同級生などの知人と容易につながることができるが，つながるには相手の承認が必要である。

知人や公開範囲を十分考えて利用することで個人情報の流失などは避けられるが，友人つながりから情報が漏れる場合もあるので注意が必要である。

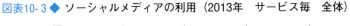

図表10-3 ◆ ソーシャルメディアの利用（2013年　サービス毎　全体）

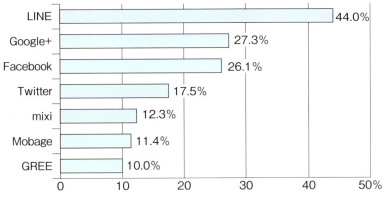

出所：総務省情報通信政策研究所

▶ LINE

　図表10-3にあるようにソーシャルメディアのうち最も利用率が高かったのがLINEであり，10代，20代の若者層ではその手軽さのため利用率が非常に高い。

　LINEは韓国のIT企業ネイバーの日本法人，LINE株式会社が運営しているトークといわれる無料通話やチャットを中心としたサービスである。利用者が相互にLINEのアプリケーションをインストールしていれば通信キャリアや端末に依存することなくサービスを利用できる。他のSNSと違いトークがメインであり，トークで送信したときに相手が読んだかを送信者が知ることができる。特に若年層では既読しているにもかかわらず返事が返ってこないことにより，ストレスがたまり友人間のトラブルが発生しやすいという既読問題というものがある。また，ある意味安全性は高いが友人登録されると容易に連絡ができてしまうので他のSNSと同様に素性をよく知らない人を簡単に登録しないなどの注意が必要である。

▶ Google+

IT業界を牽引している有力企業のひとつグーグルはFacebookやTwitterへの対抗サービスとして2011年にGoogle+を開始した。そのためか既に存在していたSNSの良いところを取り入れたサービスとなっていて，独自の機能としては，ウェブカメラを通して最大10人まで同時に顔を見ながら会話できるハングアウト，世界中の同じ趣味や関心を持つ仲間と交流できるコミュニティ，さらにはサークル機能を使って仕事の情報交換やグループの活動情報の共有範囲を柔軟に設定できる。

Google+は実名が基本であるが，規約はTwitterの公開性とFacebookの限定的な公開性の両方の機能を持っているといわれている。また，Facebookと同様にテキストのみならず写真や動画の共有も簡単で表現力が豊かなコミュニケーションがとれる。

さらに，Twitterと同様に興味や関心でつながりを広げることもでき，グーグル検索と関連性も高いためビジネスでの利用にも向いている。

最近，急速に利用者が増えているが，使い勝手の良さやグーグルの他のサービスとの親和性などから今後も利用者は増えていくものと思われる。

このように身近で便利なコミュニケーション手段としてのSNSであるが，知合い同士のコミュニティという安心感のためか詐欺やウイルス感染の事例も多いようである。また，書き込んだ情報が思わぬ形で拡散して迷惑をこうむることもあるので，常にインターネット上に情報が公開されているということを忘れてはならない。

5 クチコミサイト

　クチコミサイトとは投稿者が実際に体験した感想や意見などを掲示板に書込み，閲覧者がそれを商品購入やサービス利用などの判断材料に使うネット上の掲示板のことである。従来からクチコミという情報流通の形態は存在していたが，その範囲は親族知人などの限られたものであった。しかし，インターネットの普及により，その範囲と量については飛躍的に拡大した。クチコミの影響力が強くなった要因としては以下のことが考えられる。

①**マス広告の効果の減退**：最近の傾向として生活時間の中でTVや新聞に割く時間がインターネットの時間になり，マスメディアに氾濫している広告効果が薄れてきている。

②**クチコミの波及効果の変化**：旧来のクチコミは対面によるコミュニケーションが出発点で，同一の時間と場所に両者がいる必要があった。しかし現在のネットでは時間と場所の制約がなく，伝達スピードも速くなりその波及効果が爆発的に高くなった。

③**商品の複雑化**：商品の機能が複雑になり，その使い勝手などの評価を利用者から直接聞くほうが自分で時間をかけて調べるよりも容易であると消費者が考えるようになってきている。

④**日常生活におけるネットへの依存の増加**：インターネットを利用した検索が一般化し，簡単にその製品の価格や評価を入手したり情報交換したりすることで，自分の判断材料として容易にインターネットを利用できる環境が整備されネットへの依存が増してきた。

第10章　ソーシャルメディア

ソーシャルメディアとしてのクチコミには大きく分けて2つある
といわれている。ひとつは個別情報でSNSやブログなどを使用して
各個人が情報発信する中での商品やサービスなどの情報である。も
うひとつは情報収集を目的としたクチコミサイト上などにおいて，
あるテーマについて情報を発信し合いそれをそのまま掲示している
集合情報である。

　これらクチコミサイト上の集合情報が広く受け入れられているの
はネット上であるが故に時間と場所を制限されずに情報収集したい
ということに加え，商品購入時にはその商品の価格を調べるだけで
はなく，同じ商品を購入した人や購入を検討している人同士のコ
ミュニケーションの場として利用されている。

　クチコミ情報には消費者の生の声が反映されていることが多く，
企業にとっては購買動機，商品やサービスの課題などを知ることが
でき，それを現実のマーケティング戦略に活用したり，次期製品の
アイディアや消費者の要求として反映できる。しかし，クチコミサ
イトは誰でも利用できるので組織的な情報操作も可能で，利用する
情報の質については十分留意しなければならない。

　このようにソーシャルメディアでの情報が第11章で述べる消費者
の購買行動に変化をもたらしている。ネットコミュニティは投稿者
や閲覧者のニーズにマッチしているため集客力があり，この点をい
かにマーケティング活動へと結びつけていくかが鍵である。旧来の
クチコミがネットという今までになかったツールを得て新たな展開
をしているように，古くからの商いのやり方が新しい環境の下での
マーケティング手法として復活する可能性も十分に考えられる。

◆引用・参考文献

1）SE編集部『Web2.0キーワードブック』，翔泳社，2006.
2）小川浩他『Web2.0BOOK』，インプレスジャパン，2006.
3）藤巻潤一『ネットコミュニティビジネスの動向』，大和総研経営情報リサーチ，2005.
　（http://www.dir.co.jp/research/report/hitech/04120101hitech.html）
4）総務省『平成22年版情報通信白書』，ぎょうせい，2010.
5）総務省『ソーシャルメディアの利用実態に関する調査研究』，2010.
　（http://www.soumu.go.jp/johotsusintokei/linkdata/h22_05_houkoku.pdf）
6）総務省情報通信政策研究所『平成25年情報通信メディアの利用時間と情報行動に関する調査報告書』
　（http://www.soumu.go.jp/iicp/chousakenkyu/data/research/survey/telecom/2014/h25mediariyou_3report.pdf）

第11章 インターネットマーケティング

　ネットビジネスの発展が他の分野に新たな変化をもたらしたように，マーケティングの領域においても大きなインパクトをもたらしている。この章ではインターネットの普及によってマーケティングの概念が変わってきていることや，消費者の購買動向の変化について理解を深める。また，マーケティングにおいて重要な位置を占めてきているインターネットを活用した新しい広告の形態について述べるとともにマーケティングのツールとしてインターネットの特性を活用している利用面にも焦点を当てる。

1 マーケティングの概念の変化

　コンピュータや通信技術の発達，特にインターネットは今までのマーケティングの概念を大きく変えてきている。従来は紙ベースもしくはマスメディアを利用したマスマーケティングが主流であったが，現在ではインターネットの機能を使って個別対応型のワンツーワンマーケティングを可能にしている。

　本格的な工業社会を迎えた20世紀初めの頃はマーケティングの重要な役割はいかに広く市場に製品を流通させるかであった。当時はマーケティングとは生産の概念に含まれるもので，少品種大量生産の時代で生産者はいかに効率よくコスト競争力のある製品を生産し素早く市場に送り込むかが重要であった。一方，消費者は最低の機

141

図表11-1 ◆ マーケティング概念の変化

能であっても満足できれば価格の安い商品を購入したため，マーケティングの考え方は広い範囲にその商品を流通させるためのチャネル構築に焦点が当てられていた。

次の段階は販売概念の台頭である。これまでの生活必需品が消費者に一巡し，それ以外の商品を消費者が求めるようになってきた。そのためには企業側から積極的に製品のプロモーションと販売を行うことが必要となった。

ラジオに代わって，テレビが普及するとともに新しいマーケティングのシステムとして誕生したのがブランド管理である。商品についてすべての責任を負うブランドマネジャーがひとつのブランドに専念することで，新商品のキャンペーンや販売計画，プロモーションに深く関わり，求められる顧客の満足感を競合他社よりも十分効果的に実現できると考えられた。

この段階からコンピュータを活用したマーケティング手法が取り入れられるようになった。販売店からのPOSデータの活用も積極的に行われ，膨大な量のデータが蓄積され，市場のセグメンテーションや購入者の属性，購買履歴などのデータベース化が進められた。当初は，これらの情報をもとにダイレクトメール，カタログ，専門雑誌などを利用したダイレクトマーケティングによるプロモー

ションが発達した。その一方でCRMの手法が普及し，データベースから特定の顧客に焦点を当てた顧客の囲い込み，顧客の分類，さらには各顧客への個別対応が可能となった。したがってマーケティングの概念は顧客を一個人として扱い，双方向のコミュニケーションを行い，個人別に製品やサービスを提供していく個別対応型のマーケティングになった。

2 消費者の購買行動

　新しい販売チャネルとしてのインターネットが発展し市場が拡大して競争が激しくなってくると市場の動向，特に消費者の購買行動が注目されるようになった。これまでの消費者の行動面に焦点を当てたモデルは，消費者が商品やサービスを知ってからその購入に至る迄のプロセスの頭文字をとったもので，AIDMAのモデルといわれ現実の世界での消費者の購買行動をモデル化している。**図表11-2**にその段階を示してあるように今まで消費者がある商品やサービスを購入しようとするときには，概ねこのような段階を踏んで購入するのが一般的である。

　しかし，ネットの世界では必ずしもこのような段階を踏まないのではないかという考えがでてきた。つまり，ネットの世界では即座に購入することが可能で，その商品を覚えていて商店へ買いに出かけるという行動が必ずしも必要ではない。購入前にネットで商品の機能を調べたり，他社の商品と比較したり，他の店の価格も調べたりする行動をとることがもはや一般化してきた。

　また，購入後もその商品の使い勝手などの評価をネット上に発信し，他の消費者と情報を共有するという今までと異なった行動をとるようになってきている。そこでネットの世界での購買行動プロセスとしてAISASのモデルがある。

図表11-2 ◆ 消費者の購買行動モデル

AIDMA（リアルの世界での購買行動）

Attention → Interest → Desire → Memory → Action
（注目）　　　（関心）　　　（欲求）　　　（記憶）　　　（購入）

AISAS（ネットの世界での購買行動）

Attention → Interest → Search → Action → Share
（注目）　　　（関心）　　　（検索）　　　（購入）　　　（共有）

　インターネットの特徴を生かした検索や情報共有の行動パターンが消費者の購買行動にも大きな影響を与えているのが理解できる。

3 インターネットの活用

　ここでは企業の側がインターネットをマーケティングのツールとしてどのように活用しているかを考えてみる。

　今や当然のこととしてインターネットはコミュニケーションのツールとして活用されているが，マーケティングではインターネットをプロモーションのツールとして用いている。この使い方は自社サイトへの顧客の呼び込みを行い商品の紹介や説明をするのが中心である。最近はマーケティング活動の一環として自社ブランドの価値や企業イメージの向上のためにインターネットを情報発信に積極的に活用して，投資家への決算報告やIR（Investors Relation）を意識した各種ニュースの提供などの広報・宣伝活動にも使われている。これらの活動もマーケティングに大きな影響力を及ぼすのはいうまでもない。

　インターネットを顧客とのコミュニケーションツールとしての利用もある。これはより詳細な商品情報の提供や受注に顧客とのダイ

144

レクトなコミュニケーションなどの実際の営業窓口をインターネットを介して行うものである。この他にも購入後の顧客支援やサポート窓口としてのヘルプデスクや修理の受付などもこの範疇と考えられる。さらにインターネットの双方向機能を積極的に使ったマーケティング活動として顧客情報の収集やアンケート調査がある。顧客情報を収集し会員になってもらうことは囲い込みがなされたことで，その後のマーケティング活動において多様なプロモーションを企画するにも重要なデータとなる。いかにインターネットを活用して顧客情報を収集するかがポイントで，アンケート調査は新商品開発や顧客の嗜好調査，市場動向調査などの本来の目的に加え顧客情報の収集という一面も持っている。企業が今後期待しているインターネットの利用効果では宣伝・広告やブランド認知への期待が高く，さらに売上げへの効果をも期待している。その他にも取引先との業務の効率化や顧客との関係の向上など間接的にマーケティングをサポートする効果も望んでいる。

　このようにインターネットマーケティングは今までになかった新しいマーケティングのチャネルであり，さらに新しい利用方法などが出てくると思われる。

4　インターネット広告

　インターネットを利用した広告は全く新しい広告媒体として登場し，2004年には4大マスメディアといわれていたテレビ，新聞，雑誌，ラジオの一角であるラジオの広告費を，2009年には新聞の広告費も抜き他のメディアの広告費が揃って伸び悩んでいる中で増加傾向を維持している。次頁の**図表11-3**のプロモーションメディアとは看板，ポスターやチラシ，ダイレクトメール，フリーマガジンなどへの広告である。

図表11-3 ◆ 媒体別広告費

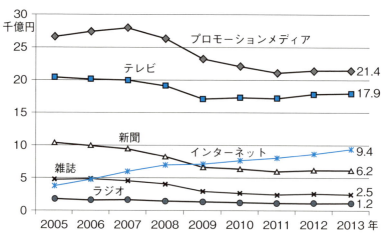

出所：電通発表の資料から作成

　この成長の背景には企業がインターネットで広告をする下記のようないくつかの理由がある。

> ①一般消費者はテレビに費やしていた時間をインターネットに割くようになってきた
> ②インターネット利用者は比較的学歴が高く収入も多い
> ③広告の効果が測定しやすい
> ④双方向で1対1の個別対応が可能である
> ⑤他のメディアと比較して更新がしやすい

▶ インターネット広告の基本分類

　インターネットを活用した広告はその特性をどのように見るかで種々の分類があるが㈳インターネット広告推進協議会では以下の5つに分類している。

❶ タイアップ広告

　雑誌やウェブなどのメディアと協力する記事風の広告で記事広告ともいわれ，メディアの信頼性を利用して自社のイメージを上げることができる利点がある。つまり，学生などの若者向けの広告をしようとするときには若者に人気のあるメディアに記事を出せばそのメディアのイメージを利用し，自社の商品やサービスのイメージアップにもつなげることができる。

❷ ディスプレイ広告

　これにはバナー広告，リッチアド，テキスト広告が含まれる。

　バナー（banner）とは広告宣伝用の垂れ幕や横断幕を意味する。リッチアドとは定型にこだわらずに動きで訴求力を高めた広告で，画面の一部で一時的にコンテンツが動くフローティングやアクセスしたページの上に別のウインドウで広告が立ち上がるポップアップなどがある。ポップアップ広告は閲覧者にとっては不評であるがクリック率が高いともいわれ広告主からは好まれる。

❸ 動画広告

　動画の形態をとった広告でバナーをクリックすると，通常の広告と同じ枠内に表示されるものや，視聴画面内で動画が再生されるものもある。

④ 検索連動型広告

　この広告は検索エンジンによる検索結果ページやサイトの記事などページコンテンツに連動して表示される広告で，検索サイトで入力した検索結果のページに検索キーワードに対応した広告を配信し表示する。この広告の利点は検索の結果で表示されるプル型の画面に検索者の興味を持ったキーワードに関連する広告を表示できる。代表的な検索連動型広告は最初にこのモデルを提供したオーバーチュアの「スポンサードサーチ」（sponsored search）とグーグルの「アドワーズ」（AdWords）がある。この仕組みは，広告主は特定のキーワードの検索結果に自社のサイトを表示するための権利を購入するが，同じキーワードを複数の広告主が購入した場合には，より高価な値段でそのキーワードを購入した広告主のサイトを上位に表示する方法である。つまり，キーワードのオークションを行い広告表示の優先順位を決めている。コンテンツ連動型も基本的に同じで，ウェブサイトのコンテンツ内容の文脈やキーワードを解析し，コンテンツ内容と関連性の高い広告を自動的に配信する。

⑤ メール広告

　インターネットのメール機能を使って，テキストや画像で表現される広告を配信するもので，主にコンテンツを伴うメールマガジン内に広告文が挿入されるメールマガジン型と全文が広告のダイレクトメール型に分けられる。メール広告にはオプトイン／オプトアウト（opt-in/opt-out）メールがある。オプトインメールとはあらかじめ受信者の同意をもらい，受信者の興味のある分野についての広告をメールで送るものである。オプトアウトメールは受信者の同意を得ずに一方的に広告メールを送りつけることをいう。通常オプトアウトメールは迷惑メールとしてみなされるため，メールによる広告

活動はオプトインによって行われるべきである。

▶ インターネット広告の契約形態

広告スペースの購入にはその掲載方法により次の6つがある。

❶ インプレッション保証型

インプレッション（impression）とは印象とか効果という意味である。表示する回数を広告主が指定し，表示回数ごとに表示単価が設定されていて一定の表示数が達成されるまで掲載が保証される広告である。この型の広告は自社のサイトへ誘導するよりも，新製品やブランド名などの認知度を高めたいときのプロモーションなどに適している。ページビュー保証型ともいう。

❷ インプレッション課金型

露出回数，期間，クリック数等は保証されず，1回あたりの露出に対して課金される。

❸ 期間保証型

期間を指定して掲載する契約で，多くの場合指定された期間，同じ場所で常に表示された状態となる。表示回数は目安として提示されるが保証はされない。

❹ クリック保証型

一定のクリック数が達成されるまで掲載が保証される広告のことをいう。クリックの単価とクリック数が明確なため，広告に対する費用対効果が他の広告と比べわかりやすい特色がある。

❺　クリック課金型

　クリック1回あたりの単価をあらかじめ設定して料金を支払う広告契約である。

❻　成果報酬型

　顧客のサイトで実際に販売・契約された売上・個数・契約数などの目標数をベースに掲載料金を支払う契約形態をいう。

5　インターネットマーケティングの展開

　インターネットマーケティングの要点は通常のマーケティングと同じで対象者あるいはターゲット市場をどのように絞り込むかである。ネットの特性を十二分に活用したターゲットの選定もあるし，また逆にネットの利用者の年代がある程度限られているなど，ネットであるが故に不都合な場合もある。また，市場を海外に展開する場合などは言語や通貨，決済，配送など国内市場とは違った対処が必要となる。

　インターネットを利用したビジネスを展開するといっても，個人がサイドビジネス的に始めるものや，起業として本格的なビジネスを目指すもの，また既存の企業がクリック＆モルタル的に新規事業としてネットビジネスに乗り出す場合もあり，それぞれのマーケティング戦略が必要となる。

　ウェブページのコンテンツやそのデザインもマーケティングに大きな影響を及ぼす。当然であるがトップページは重要で，限られたスペースをいかに訴求力のあるデザインにするかが求められるとともに，消費者に対して検索のしやすい商品カテゴリーの提示が大事である。最近はウェブページの見易さという点で，JIS（日本工業規格）のウェブアクセシビリティ指針がセキュリティや信頼性をも

含め消費者の求めるアクセシビリティ品質を提供する際には参考となる。マーケティングの観点からはインセンティブプロモーションの仕掛けや買得品のアイキャッチデザインも有用である。全体的なデザインでは3回程度のクリック数で目的の商品に到達するのが好ましいとされ，どのページからもトップページに戻ることのできる配慮が望まれる。

マーケティングの手段として欠かせないものに会員登録，会員用メルマガ，ダイレクトメールの配信，掲示板の設置，苦情処理の窓口，アンケート調査などがあり，これらを適時，有効に利用することである。また，FSPによる電子クーポンや電子ポイント制の仕組みの導入も顧客の囲い込みや忠誠心の向上には有益とされている。

▶ SEM

インターネットマーケティングの考え方のひとつにSEM（Search Engine Marketing）がある。これは検索連動型広告やSEO（Search Engine Optimization）などのことで，どちらも検索によって自社サイトへの訪問者を多くするマーケティング手法である。

インターネットを使用している消費者の多くが何か探し物をするときにインターネットで検索するのが常識となっている。しかし，どんなに分かり易いデザインのウェブページを製作しても，その画面を消費者に閲覧されなくては意味がない。特にブランドを決めずに検討している消費者に対しては検索結果で訴求するのが有効である。検索サービスにより検索され易くすること，つまり検索結果で上位に表示されることが必須となる。SEOは「検索エンジン最適化」といわれ，自社のウェブサイトが検索結果のページの表示順の上位に表示されるように工夫することをいう。各々の検索エンジンが独自の方法で表示順位を決定しているため，企業はいかに表示順位を

あげ消費者の目につき易くして訪問者数を増やすかに努力している。SEO対策を専門のビジネスにしている企業も多くある。検索結果から自社サイトへ来てくれる消費者は元々その分野に興味がある人なので優良な見込み客である。したがって，検索を積極的に活用するSEMはマーケティングにとって有効な手法と認識されている。

▶ アフィリエイト

アフィリエイトマーケティング（affiliate marketing）とはウェブ上の成果報酬型広告の一種である。リンク元のサイトの主催者である一般消費者や企業などがアフィリエイトプログラムを提供しているサイトと提携して，自分のサイトに当該サイトの広告を表示し自分のサイトの閲覧者がそのページから当該サイトの広告の商品やサービスを購入すると，その広告主からリンク元のサイトの主催者に報酬が支払われる仕組みで，紹介制度の現代版といえる。

この特徴は成果が発生しない限り，つまり閲覧者が広告主のサイトへ来て商品やサービスを購入しない限り，広告主には広告費用が発生しない。また，個人や企業のウェブサイトを広告のメディアとして利用するため，この広告掲載場所は無限大ともいえる。広告主にとっては今までマーケティングの対象とできなかった潜在的な顧客に働きかけができ，広告の効果や成果という点でアフィリエイトマーケティングは費用対効果の高いマーケティング手法である。代表的なアフィリエイトプログラムには「グーグルアドセンス」（AdSense），「アマゾンアソシエイト」（associate）などがある。

▶ 行動ターゲティング

今まではウェブサイトの閲覧者に対して，デモグラフィック（世代，性別，居住地域など），曜日や時間，コンテンツ，検索などを

考慮してマーケティング情報や広告を配信してきた。これらに加え
ウェブサイトの閲覧履歴をデータとして蓄え，分析することで個人
の趣味・嗜好や価値観，さらにはその人のライフスタイルを分類化
することでより精度の高いグループ分けをして，マーケティングや
広告に活用する手法を行動ターゲティング（behavioral targeting）
といっている。この分析結果によって各グループに有用と思われる
マーケティング情報や広告を配信してより効果をあげることがで
きる。

さらに最近はディスプレイ技術の発展，デジタルネットワークや
通信の発展とあいまってデジタルサイネージ（digital signage）と
いわれる電子的な表示機器を使った電子看板も登場し多様な情報や
映像を提供している。これはテレビのコマーシャルのように不特定
多数に同じ情報を流すのではなく，特定の設置場所に特化したター
ゲット層に向けた情報発信を行うことでマーケティング効果を大い
に見込めるとともに，デジタルサイネージの市場も大きな成長が見
込まれている

◆引用・参考文献
1）Ward Hanson，上原征彦監修，長谷川真実訳『インターネット・
　　マーケティングの原理と戦略』，日本経済新聞社，2001.
2）ＳＥ編集部『Web2.0キーワードブック』，翔泳社，2006.
3）小川浩他『Web2.0BOOK』，インプレスジャパン，2006.
4）電通『2013日本の広告費｜媒体別広告費』
　　（http://www.dentsu.co.jp/knowledge/ad_cost/2013/media.html）
5）㈳インターネット広告推進協議会（JIAA）編『インターネット広
　　告の基本業務　2014年度』，2014.

第12章 電子決済とRFID

　ネットビジネスでの商品の購入は我々が通常の店舗で買い物をしてその代金を支払う場合と異なる点がある。

　店舗で商品を購入するときには対面販売が当然であり，店舗側は決済の手段にかかわらず支払いを受けることで商取引を行う。ところがネットビジネスではネットという非対面の状況下での本人確認，さらには商品やサービスに対する代金を決済する必要がある。本章ではそれらに欠かせない電子決済を中心に考え，急速に普及し続けている電子マネーの動向やその基本的な技術であるRFIDについての解説もする。

1　電子決済の必要性

　通常の店舗では対面販売が基本で，現金支払いであれば本人確認をせずに決済が完了し取引が成立する。クレジットカードでの支払いは店員の面前での署名もしくは暗証番号（PIN：Personal Identification Number）の入力，照合によって決済が完了する。通信販売などは対面販売でないにしてもクレジットカードでの支払い，指定銀行口座への振込み，コンビニエンスストアでの支払い，代金引換方式（代引き）などでの支払い確認，もしくは購入者の住居確認などで商品の引渡しをする。ところがネットビジネスになりネットを介して遠隔地の顧客がデジタルコンテンツなどを購入する場合には即時の決

済が求められ，従来の支払方法ではそのスピードに追従できない。つまり，いかに安全確実な価値の移転が行われるかがネットビジネスでの決済の課題となる。

　ではネットビジネス，特にB to CやC to Cの電子商取引での電子決済システムの要件にはどのようなものがあるだろうか。売り手側にとっては当然既存システムの中にその決済システムの導入が容易で，それを使用するための初期費用や運用費，使用料を安く抑えることが望まれる。取引の決済額も低額から高額なものまで扱うことができ代金回収が早ければ資金効率も良くなる。さらに不正なアクセスでの支障がなく，操作も容易でセキュリティが十分考慮されていなければならない。一方，買い手側としては使える店舗が多いこと，店舗，商品，金額によって使い方，操作の仕方が同じであり，さらに自宅のパソコンやそのOSに依存しないシステムで安心かつ安全に決済できることが望まれる。

2 主な電子決済システム

　ネットビジネスにおける決済，つまり価値の移転は売り手と買い手が物理的に離れた場所にいる場合にその価値に対しての対価が支払われる。したがって双方にとって安全確実な価値の移転が行われることが必須である。

図表12-1 ◆ 代表的な電子決済

```
・クレジットカード決済……ポストペイド型
・デビットカード…………即時決済型
・マイクロペイメント………プリペイド型
　　　　　　　　　　　　　リアルカード型
　　　　　　　　　　　　　ネットワーク型
・電子マネー………………ストアードバリュー型
```

図表12-1に主にB to Cの取引で用いられる代表的な電子決済を
その機能とともに分類してあり，これらについて以下で述べていく。

なお，ポストペイド型の電子マネーと呼ばれている小額クレジッ
ト決済（iDやQUICPayなど）があるが，本書ではクレジットカー
ド決済に分類した。

▶ クレジットカード決済

現在最もよく利用されている電子決済の方法はクレジットカード
による決済である。店舗でのクレジットカードの利用は商品を購入
した際に店員にクレジットカードを渡し，店員は決済用の端末
（CAT端末：Credit Authorization Terminal）にカードを読み込ませ，
顧客に暗証番号を入力させるか，カード上と同じ署名を求めること
で本人確認をする。この端末はクレジットカード会社や金融機関と
専用回線又は一般回線を介してCAFIS（Credit And Finance
Information System）というシステムに接続されていて与信照会を
経て結果を店舗へ知らせて決済が行われる。一方，自宅からのクレ
ジットカードの電子決済では利用者のパソコンやオンラインの画面
からクレジットカード番号や有効期限を入力することで，オンライ
ンの店舗からCAFISを経由してクレジットカード会社へデータを
送り処理をする。

インターネットを利用してクレジットカードの情報を送るにはセ
キュリティ上の不安がある。そこで送信時の盗聴や漏えいを防ぐた
めにSSL（Secure Socket Layer）方式が一般的に使用されている。
この方式はインターネット上で情報を暗号化して送受信するセキュ
リティ機能を持っている。利用者がSSLに対応したウェブブラウザ
を利用してSSLで保護されたサイトのホームページにアクセスする
と，そのサイトのサーバから利用者のブラウザに認証機関の証明書

とサーバの公開鍵が送られて通信相手の認証が実行される。それらのデータは暗号化され通信の安全が保たれる。主なウェブブラウザではSSL接続をしている間はディスプレイの画面のステータス欄に鍵のマークが表示される。この鍵マークをクリックすると証明書の詳細を確認できる。

クレジットカード決済は買物が終わってからの翌月のある一定の日に口座から引き落とされるためポストペイド型といわれる。

▶ デビットカード決済

デビットカード決済を推進する団体として「日本デビットカード推進協議会（J-Debit）」が1999年から実際の運用をスタートしている。J-Debitでは金融機関で発行されたキャッシュカードをそのまま支払いに使用できる。クレジットカードと使い方は似ているが，デビットカードの決済は使用したときに即時に利用金額が口座から引き落とされる。デビットカードの利用限度額は基本的に引き落とされる口座の残高範囲内であるのに対し，クレジットカードは各個人にあらかじめ指定された利用限度額の範囲内である。また本人確認には4桁の暗証番号を入力し，支払いは一括払いでクレジットカードのように分割払いはできない。クレジットカードと異なり，特別な申込み手続きを必要とせず，入会金や年会費，取扱い手数料はかからない。J-Debitによると現在では，国内のほとんどの金融機関のキャッシュカードが，全国約33万ヶ所以上でデビットカードとして利用可能となっていて，全国規模のサービスを提供している。

インターネットを利用した電子デビット決済の場合，オンラインショップは決済の中継を行うのみで，金融機関側で口座番号と暗証番号のチェックをしている。デビットカード決済は即座に支払額が口座から引き落とされるので即時決済型といわれる。

図表12-2 ◆ デビットカードの概要

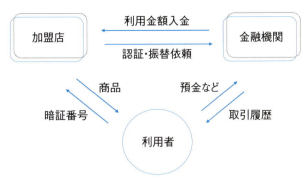

▶ マイクロペイメント

　インターネット上での小額のデジタルコンテンツやサービスを売買するために利用されるのがマイクロペイメント（小額クレジット決済）である。対象とする商品単価が低く，通常のクレジットカードなどを利用するには支払い額に対して手数料の支払い処理費用などが利益の相当部分を占めることもあり，クレジットカード決済は実際的でない。1回の検索や1ページを読むごとの課金，音楽を1曲ダウンロードしたりするときの課金などがマイクロペイメントで容易になるが，運用者には決済手数料を低くする工夫が求められる。マイクロペイメントは基本的に紙やカードに必要情報を記録しておくリアルカード型とネットワーク上に価値を蓄えておくネットワーク型の2種類がある。

　リアルカード型はあらかじめ価値を購入してその価値と商品を引き替える。物理的な紙やカードを発行し，そこに記載されている番号などをウェブサイトへ知らせ決済を行う。ネットワーク型はバーチャルカード型ともいいネット上に専用のウオレットソフト（電子財布）に使用する価値をあらかじめ蓄えておいて，物品を購入したときにはクレジット会社のシステムに決済を依頼し，該当サイトへ

知らせ保存されている価値を減じてもらい決済をする。

　リアルカード型ではビットキャッシュの「BitCash」，ネットワーク型ではインターネット専用のウェブマネーの「WebMoney」などが代表例である。ウェブマネーはコンビニエンスストアなどでの購入時に個人情報を入力する必要がないため若年層を中心に利用が拡大している。

3　電子マネー

　電子マネーは貨幣価値をデジタル表現し，貨幣価値の交換（決済）を電子的に行い，その価値を保証した決済方式をいう。クレジットカードやデビットカードはカード上のデータには貨幣的な価値を持たず，いわば識別番号もしくは鍵のようなものである。また，プリペイドカードは用途が限られ再チャージ（再入金）ができないなどの欠点がある。電子マネーはこれらの欠点を解消し，ネット上や日常生活でも現金の特徴を持つ決済手段である。

　また，クレジットカードがポストペイド型であるのに対し電子マネーはストアードバリュー型といわれる。つまり，事前に入金した額しか使用できないが使用時に署名や暗証番号で本人確認をする必要がなく，手軽に決済ができ小額決済にも向いていて，価値の再チャージはいつでも可能で財布のように使用できる。紛失時にクレジットカードは悪用される可能性もあるが電子マネーでは個人を特定する情報が基本的に入っていないので現金の紛失と同じである。

　電子マネーは非接触型ICチップの通信技術（RFID技術）を採用したICカードで暗号技術を用いて支払いの段階で利用者のICカードと電子マネー支払いサーバの間で通信し，カード上に蓄積されている価値を減額させる。2001年にサービスを開始した当時のEdy（エディ）や同時期に乗車券としてサービスを開始したJR東日本の

図表12-3 ◆ 電子決済方式の比較

	クレジットカード	デビットカード	電子マネー
形状	磁気，IC カード	磁気カード	IC カード
発行主体	クレジットカード会社，銀行	銀行，信用金庫，農協など	JR各社，大手流通グループなど
主なブランド	Visa，マスターカード，JCB	J-Debit	楽天Edy，Suica，nanaco，WAON
利用者の費用	年会費（無料のケースもある）	なし	300～500円の発行料がかかることも
利用限度額	利用者ごとの限度額	口座残高まで	2万円～5万円（発行主体による）
支払い	後払い（利用日の翌月以降口座から引落し）	即時払い（利用と同時に口座から引落とし）	前払い（事前にカードに入金して利用）
安全性	署名/暗証番号 再発行可	暗証番号 再発行可	現金と同様 再発行不可
補償	発行主体が決める	発行主体が決める	特になし
実用化時期	1950年頃	1999年	2001年

Suica（スイカ）は2004年には電子マネーとしてのサービスを付加し，他のJR各社もJR西日本のICOCA（イコカ）を始めとして通常の乗車券に加えて電子マネーのサービスをしている。首都圏の主な私鉄，地下鉄，バスの乗車券として利用できるPASMO（パスモ）が2007年から発行されスイカと相互乗り入れし電子マネーのサービスもしている。さらに，電子マネーの機能を携帯電話に組み入れた「おサイフケータイ」などでの決済サービスもある。

　一方，大手流通グループも電子マネー事業に進出し2007年にセブン＆アイグループが「nanaco（ナナコ）」を，イオングループが「WAON（ワオン）」の名で電子マネーを発行して運用を開始した。これらの流通業界主導の電子マネーはポイントサービスの付加を特徴としていて，他の業種や業態とのアライアンスを積極的に行い顧客獲得競争が本格化してきている。楽天Edy，交通系のスイカやパスモも買物などでの独自のポイントが付くサービスを始めている。

第12章　電子決済とRFID

161

さらにグループ企業以外の複数の電子マネーを利用できる店舗が増えるなどの相互乗り入れが進み，いわゆるお得感と利便性で電子マネーの普及が進んでいる。

このように電子マネーは新たな決算手段として注目され，利用する場所も店舗以外に自動販売機やタクシー，宅配代金の支払いでも使うことができる。電子マネーの発行枚数も今や2億枚以上と考えられ，1世帯当たりの平均利用月額も2013年には1万円を突破した。このような電子決済が気軽に利用される機会が増えるにつれ，日銀のデータでも2014年の消費増税以前には硬貨の流通量が減ってきていた。現状は非金融機関である民間企業が第2の通貨といわれる電子マネーを発行できる状況にもあり，今後電子マネーを支える技術面や法制度面での仕組みが整備される必要がある。

4 RFID

電子マネーはRFID（Radio Frequency IDentification）という電磁波を使った非接触の自動認識の技術を使用している。この技術はRFIDのICチップと小型のアンテナを使用しICタグあるいは電子タグとも呼ばれている。ICタグを使ったシステムには2通りあり，ひとつはICチップの中に必要な情報を書き込んであるデータキャリア型とICチップにはキーとなる識別コードのみを書き込んでおいて，必要な情報をネット経由で取得するネットワーク型がある。

電子マネーと同じクレジットカードサイズの非接触ICカードは社員証として入退室管理や出退勤管理などのセキュリティの管理，さらには学生証などにも採用され出欠管理などにも使用され普及している。また，電子荷札や電子値札の形で実用化の取り組みも本格化してきている。生活面においてもイベントの来場者や重要書類，薬品の管理などのセキュリティ分野などに加え，生産管理，物流な

図表12-5 ◆ ICタグとバーコードの比較

	ICタグ（RFID）	バーコード	2次元バーコード
データ量	128byte（I-CodeSLI）	13桁（JANコード）	1,000byte（QR）
書込み	10万回	1回（印刷時）	1回（印刷時）
暗号処理	可能	不可	可能
同時読取り	可能（〜30枚）	不可	不可
媒体価格	高い	印刷経費に依存	印刷経費に依存
リーダ価格	×	○	△

出所：TOPPANウェブサイトを改変

ど幅広い分野での活用が可能である。例えば食の安心・安全を望む消費者ニーズのひとつである商品のトレーサビリティ（生産履歴の追跡・管理）に活用され，その履歴が確認できたり企業間のSCMに活用して情報の共有化をしたりすることで問題が起こったときの原因究明や製品の回収にICタグを応用したシステムの導入が進んでいる。

　RFIDは扱えるデータ量が多く，データの書換えが可能である。さらに今までのバーコードと異なり，遮蔽物があっても通信が可能で複数のデータを同時に読み取ることができる。例えば電子値札を利用すると，スーパーのレジで商品に付いたバーコードを個別に光学式スキャナーで読ませる必要がなく，ショッピングカートに入っている商品を1度で読み取れるのでレジでの決済が非常に早くなる。また，箱の中に入れたままでも読み取りができ，汚れやホコリによ

る影響も受けにくく物流における効率化も期待されている。このように電子マネーとしての用途以外にもRFIDの技術は様々な分野で現在使用されているバーコードに変わるものとして今後の普及が期待されている。

RFIDには電池を内蔵するアクティブタイプと読み取り可能距離は短いが電池を内蔵せずにアンテナが受けたエネルギーを電源として小型化・薄型化されている現在主流のパッシブタイプの2種類がある。

5 EPC

1997年に自動識別の研究機関として米国マサチューセッツ工科大学（MIT）に本部を置いたAuto－IDセンターが設立された。そこではEPC（Electronic Product Code）をバーコードに代わるキーとしてとらえ，グローバルなサプライチェーン上での製品の識別とその追跡を可能にするインフラストラクチャの構築と標準化に向けた活動を開始した。その延長線上で日本でも2004年7月「EPC RFID FORUM」が設立され，EPCシステムを中心とするRFIDの啓蒙，普及および導入促進を図っている。

このEPCのシステムを構築しサービスを提供するためにEPCglobalという団体が設立されているが，RFIDを活用したシステムはRFID技術とネットワークを組み合せてICタグを付けた商品やパレットなどをSCM全体で識別し，EPCをキーとしてその属性情報を即座に取得できる。

EPCはICタグに格納された固有の番号体系であり，産業界全体のグローバル化に対応するために国際標準に準拠したシステムを多くの企業が導入することで市場規模が広がりさらなる導入・普及につながる。

このようにICタグはカード型，ラベル型，スティック型など様々なサイズや形状に加工ができ，RFIDの技術があらゆるモノの中に組み込まれインターネットを介してコンピュータとつながりネットビジネス社会でのキーテクノロジーになると考えられる。

　これからのRFIDの課題としては媒体のコストの低減化，ICチップにデータが記録されているため消費者がICタグの付いた商品を持ち歩くとその情報を第三者に読み取られるかも知れないというプライバシー，さらには標準化や電波の規制などについて議論をしていく必要がある

◆引用・参考文献

1 ）齋藤孝文『ECと情報流通』，裳華房，2001.
2 ）日本デビットカード推進協議会ウェブサイト，
　　（http://www.debitcard.gr.jp/whats/index.html）
3 ）TOPPANウェブサイト，
　　（http://www.toppan.co.jp/products_service/ic_tag/rfid/002.html）
4 ）CAFISウェブサイト，（http://solution.cafis.jp/）
5 ）統計局ホームページ『電子マネーの利用状況』
　　（http://www.stat.go.jp/data/joukyou/topics/topi62_1.htm#h2_1st）
6 ）EPC-RFID-FORUM
　　（http://www.epc-rfid-forum.jp/）
7 ）㈶流通システム開発センターウェブサイト『EPC/RFID（電子タグ）』
　　（http://www.dsri.jp/epcgl/epc/about.htm）

第13章 情報セキュリティ

　ネットの世界では情報という実体のないものを扱っているが，容易に情報をコピーしたり伝達したりすることができるために，その取り扱いには今までの考え方が通用しない場合が多い。この章では情報システムにおけるセキュリティを中心に考えるが，情報を守るにも目に見えないこともあり最後はそれを扱う人間系の問題となる場合も多い。

　ここではセキュリティについて理解し，その対策としての暗号化やウイルス対策などについて説明を加える。セキュリティ犯罪やネットを利用した犯罪についても触れて現状を認識するとともに，個人や社会としてのセキュリティ対策を考える。

1 セキュリティとは

　情報システムでセキュリティが必要なのは保護すべき対象があるからで，それを外敵から守ることがセキュリティである。セキュリティについて考える場合には以下の3つの要素について検討を加えることが大事である。

①保護すべきモノ
②保護すべきモノを脅かす脅威（情報漏えい，不正アクセス，ウイルスなど）
③保護すべきモノを脅威から守る手段・方法

一方，情報システムにおいてセキュリティを維持していくには，データの安全な保護を最優先する機密性（confidentiality），データを正確かつ完全に維持する完全性（integrity），必要なときにデータを正しく提供し利用できる可用性（availability）の3つが重要で，セキュリティのCIAと呼ばれている。

　情報システムに対する外敵からの脅威としては以下のことが考えられる。

> ①自然災害：地震，台風，水害などの自然現象により発生するもの
> ②事故：ハードウェアやソフトウェアの不具合，電源や周辺機器の不良さらには火災などによるもの
> ③エラー：プログラムのエラー，入力のミス，操作上のミスなど人間系の悪意を伴わないもの
> ④犯罪：物理的に金銭，物品を不正に取得するものや情報を不正に取得してその情報を売買したり，更なる犯罪に利用するもの
> ⑤情報の不正開示：犯罪に分類されるが不正操作により個人情報などを故意に開示しプライバシーの侵害をするもの

　セキュリティのリスクは情報システムの高度化とともに複雑化してきている。

　したがって近年は情報システムのセキュリティという観点よりも，広く情報資産をいかに守るかがセキュリティであるといわれている。

2　セキュリティの分類

　セキュリティ対策は自然災害でビルが倒壊しシステムが機能しなくなることよりも，システムに蓄えられている企業の重要書類やデータ，さらには顧客情報などを失ってしまうほうがより深刻で各状況に応じた対策が必要となる。

　この観点からセキュリティは大きく分けて以下の3つに分類できる。

❶　物理的セキュリティ

　主に災害や破壊への対策で，データや情報以外の物理的資産を守る対策を事前に準備することである。例えば地震にも耐えられるビルの中にコンピュータ室を設けるとともに，バックアップのためのシステムやデータを別の場所にも用意するなどの自然災害への対策や悪意を持って物理的にダメージを与えようとする破壊行為に対する対策，さらには物理的資産の窃取などの不正侵入を防ぐ対策がある。

❷　システム的セキュリティ

　これはデータや情報への脅威に対するセキュリティでハードウェアやソフトウェアの信頼性を高めシステム全体でのセキュリティをいかに向上させるかが重要である。ファイアウォールの導入やアクセスコントロールの確立，日常のシステムの運用管理の定期点検やセキュリティ監査などの実行がリスク管理のために必要となる。

❸　人的セキュリティ

　人間系の脅威に対するセキュリティで，運用管理者へのセキュリ

ティ教育や問題発生時の対応の仕方，さらには適切な倫理教育も含まれる。チェックアンドバランスの仕組みを組織やプロセスの中に取り入れ，一人の人間に権限が集中しないようにすることや，悩みや不満を持つ要員を作らないなどきめの細かな人事管理が求められる。

3 セキュリティ対策

　ネット社会でのセキュリティの対策にはどのようなものがあるのだろうか。

▶　アクセスコントロール

　アクセスコントロール（access control）とは特定の対象に正当なアクセス権を持つ人を限定し，承認された人のみにアクセスを許可することをいう。業務上本当に必要な人のみがデータにアクセスし，機器を操作することでデータの機密性をより保つことができるが，近年の情報漏えいの実態のほとんどはこれらの管理がなされていないといわざるをえない。

　身近な例では銀行のＡＴＭなどを利用するときに，キャッシュカードと暗証番号で本人確認をするのもアクセスコントロールである。最近は利用者の指紋や静脈認証などで本人確認がなされているが，どのような認証方法で正当なアクセス権を持つ人を特定しているのだろうか。

❶　身体的特徴で確認

　この代表例は生体認証（biometrics）といわれ，指紋や顔の形状，網膜，虹彩（眼球の瞳の周りにある模様），声紋さらには手のひらや手の甲の静脈の形状を赤外線などで読み取る方法がある。これら

はすべて各個人によって異なるため他の認証方法よりも本人の特定に優れている。

❷ 利用者が所持するもので確認

従来からの物理的な鍵や運転免許証，社員証，学生証がその典型であるが最近は磁気カードや非接触ICカードで本人確認をするのが一般的となった。

❸ 利用者だけが知りうる情報

昔は合言葉のような符牒が使われていたが，現在は暗証番号が一般的で英数字を組み合せた数文字からなる構成でセキュリティを高めている。ネットの世界でも会員番号と暗証番号を組み合せることで本人確認をするケースが多い。

▶ 暗号化

データの処理や送受信で暗号化（encryption）の必要性が現実の問題として認識されたのは，1982年に銀行のオンライン回線が盗聴され，キャッシュカードが偽造されたことが契機になったといわれている。しかし，暗号化に対する認識は日本の企業では一般的に低く，金融機関に対するシステム監査で使用する「安全対策基準」では2005年になって初めて「暗号化」という言葉が登場したといわれている。暗号化とはデジタルデータを送受信するときに第三者によって盗聴されたり改ざんされたりしないように，あるアルゴリズムによってデータを変換することをいう。平文を暗号化したり，再び元のデータに戻したりする復号化には暗号表に相当する「鍵」を使用するがこれには秘密鍵（共通鍵）方式と公開鍵方式がある。

秘密鍵方式は暗号化と復号化のために1組の送受信者ごとに同じ

図表13-1 ◆ 暗号化

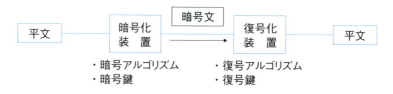

ひとつの鍵を使用し，鍵を秘密に管理する必要がある。公開鍵方式はペアとなる2つの鍵でデータの暗号化・復号化する方式で，一方の鍵で暗号化した暗号文はペアとなっているもう一方の鍵でしか復号化できない性質を持っている。暗号鍵を公開し復号化技術を秘密にして送信者は受信者に公開された暗号鍵を用いて暗号文を作り，受信者は自分だけが知っている秘密の復号鍵で暗号文を復号し平文を得る。公開鍵では送信者と受信者の間で事前に使用する鍵を送る必要がなく，通信相手の数によらず1組の鍵を持てばよいので不特定多数間の暗号化通信に適している。

　このような暗号化技術はウェブページの送受信データや電子メールの内容などを利用者以外から守るために使われている。クレジットカード番号や個人情報を扱う多くのウェブページでは，通信中での盗聴やなりすましによる情報の漏えいを防ぐために第12章で述べたSSLと呼ばれるインターネット上でデータを暗号化して送受信する方法を使用している。

▶ ファイアウォール

　ファイアウォール（firewall）とは本来火災の延焼を防ぐための防火壁のことで，火災の被害を最小限に抑えることからネットの世界では外部のネットワークからの攻撃や不正アクセスなどの脅威か

ら自分達のネットワークやデータ資源を防御するソフトウェアやハードウェアをこのように呼ぶ。企業などに設置するファイアウォールはインターネットと社内のLANの間に設置するもので，外部からのアクセスに対して社内ネットワークの出入口をひとつにして不正な侵入を防ぐ機能を果たす。したがって，ファイアウォールの仕組みは社内のLANと外部のネットワークの間でやり取りされるデータのすべてに対し，認められたプロトコルやパケット以外を通過させないように考えられている。

ファイアウォールを設置したからといって完全なセキュリティ対策というわけにはいかず，あくまでも外部からの脅威に対するひとつの対策として考えるべきである。

▶ ウイルス対策ソフトウェア

コンピュータウイルス（computer virus）とは侵入先のプログラムに自分自身のコピーをしのばせることができ，そのプログラムを変更する能力を持つ不正プログラムである。侵入先において自己増殖し悪影響を及ぼすことが生物学におけるウイルスの特徴に似ているため，この種のプログラムをコンピュータウイルス，又は単にウイルスと呼んでいる。

コンピュータウイルスは伝染するために他のプログラムを必要としたが，その後ネットワークを利用して単独で感染を拡大し増殖する機能を持つ不正プログラムが現れ，これをワーム（worm）という。

ウイルスの一般的な侵入経路は電子メール（特に添付ファイル），外部メディアやダウンロードが考えられる。これらの対策としてウイルスの存在を検出し，活動する前に除去するウイルス対策ソフトウェア（ワクチンソフト）がある。このソフトウェアはあらかじめ用意されているウイルス検知のパターンデータと定期的にディスク

全体のファイルを比較し，リアルタイムでファイルからのウイルスの検出や削除を行う。ワクチンソフトは日々新しいウイルスが出現するためウイルス検知の最新パターンデータを必要に応じて自動更新する機能を備えている。

4 情報セキュリティの現状

パソコンやインターネットの世界は，いつでもどこからでも利用できるという手軽さから多くの人に使われるため今まで経験しなかったセキュリティ上の問題が出てきている。ここでは我々の日常生活で直面する代表的なセキュリティ上の脅威について述べるとともに，コンピュータやインターネットを利用した犯罪の現状についても考えてみる。

▶ フィッシング

フィッシング（phishing）とは実在する金融機関や企業などからの正規のメールやウェブサイトを装って言葉巧みに，かつ巧妙に作られた偽のウェブサイトへ誘導して暗証番号，口座番号，クレジットカード番号などを入力させる手法である。不正入手した情報を基に偽造カードを作ったりして電子決済に悪用したり，現金を引き出したり，商品を購入したりという詐欺行為につながる。

フィッシングは「釣り」を意味する「fishing」が語源でその手口が洗練された（sophisticated）ものであるため，この２つの単語を組み合わせた造語であるといわれている。この対策としてはメールなどで個人情報を聞かれても安易に答えず，このような場合には電話など別の手段でその金融機関や企業へ問い合わせることが重要である。

▶ スパイウェア

　スパイウェアとはウイルスのようにコンピュータに入り込み，インターネットへ情報を送り出すプログラムである。つまり他人のコンピュータからそのユーザーの個人情報を取得し，それを第三者に送信するソフトウェアであるが，そのようなソフトウェアがインストールされていたり動作したりしていることを知らない場合もある。ただし，スパイウェアすべてが悪質なソフトウェアというわけでなく，ユーザーがインストールするソフトウェアなどにはその利用状況や障害時の報告を目的としているものもある。この場合には個人情報の収集が目的でないため大きな脅威ではなく，ソフトウェアの説明書にこのような機能があらかじめ組み込まれていることが明記されている場合が多い。

　注意しなければいけないのは，メールの添付ファイルに組み込まれていたり，知らないうちにインストールされたり，ホームページを閲覧しただけでダウンロードされるスパイウェアである。これらの対策としてはスパイウェア除去機能付のウイルス対策ソフトウェアの使用が望まれる。

▶ サイバー犯罪の状況

　サイバー犯罪とは情報技術を利用する犯罪である。従来の犯罪と比べ匿名性が高く，犯罪の遂行やその被害も時間と距離の制約を容易に乗り越え，まさにグローバルに拡大する。そのため各国の連携が求められ2001年のサイバー犯罪条約が制定され日本も参加している。

　警察庁によるとサイバー犯罪は年々増加し2013年の検挙数は8,113件で過去最高を記録している。その内訳はネットワーク利用犯罪：82.0％，コンピュータ・電磁的記録対象犯罪：5.9％，不正ア

クセス禁止法違反：12.1％で，2009年と比べ4年間で検挙数は約2割増え増加傾向が続いている。

不正アクセス禁止法は正式には「不正アクセス行為の禁止に関する法律」でコンピュータの不正利用を禁止する目的で2000年から施行されている。

コンピュータ・電磁的記録対象犯罪はコンピュータまたは電磁的記録を対象とした犯罪で電子計算機使用詐欺，電磁記録不正作出・毀棄等，電子計算機損壊等業務妨害が含まれる。またネットワーク利用犯罪には詐欺，児童買春，児童ポルノ法違反，商標法違反，青少年保護育成条例違反，わいせつ物頒布等，著作権法違反が含まれている。

警察の相談窓口で受理した相談件数も2013年は84,863件でここ数年8万件前後で推移している。ITを悪用した犯罪内容は，共犯者の募集や他人名義の口座の入手，フィッシングによる口座番号やパスワードの入手などネットの空間を悪用した犯行の組織化，高度化の傾向が現れている。

▶　個人・社会のセキュリティ対策

パソコンやインターネットを悪用したセキュリティ上の脅威や犯罪には次々と新手のものが出現し，その対策が後手に回っている感をぬぐいきれない。犯罪に結びつくその他のケースとしては，インターネットカフェの不正利用や無線LANからの盗聴，メールの中のURLをクリックしただけで料金が請求される不当請求（ワンクリック請求），掲示板への誹謗，中傷の書き込み，さらには出会い系サイトなどがある。

これらの被害に遭わないために個人での対応として次のことが考えられる。

①重要情報を入れたパソコンは基本的にインターネットに接続しないようにして，できればパソコン2台を使い分ける。

②重要なデータファイルは外部記憶媒体を用いて頻繁にバックアップをとる。

③メールアドレスはホームページや掲示板で安易に公開せず，公開用メールアドレスとプライベート用メールアドレスを使い分ける。

④暗証番号やパスワードは容易に推測されやすいものではなく，定期的に変更する。

⑤不審なメールの添付物やリンクはクリックしない。

⑥身に覚えのない請求や事前に利用規約に明示されていない請求は料金を支払わない。

⑦オークションなどでは取引相手を確認するとともに，エスクローサービスをできるだけ利用するか，代金着払いの方法をとる。

⑧出会い系サイトには十分な警戒が必要であり，未成年は利用しない。

⑨ワクチンソフトを利用し，常に最新のバージョンに更新する。

⑩ソフトウェアメーカーやシステムの担当者などからの情報に注意し，ソフトウェアのバージョンを最新にするなどの指導を受ける。

⑪ネチケットを遵守する。

　インターネットの世界でも基本的には今までの社会常識が通用するのであり，責任ある行動が必要である。

インターネットが広く普及し社会基盤としての役割を持つように
なると利用者の信頼感・安心感を確保するための取組が必要となる。
技術的な対策や手段のみで解決を図ることは困難で，利用者も含め
た社会システムとしての観点から総合的なセキュリティ対策が一段
と求められる。インターネットをいかに安全に使用するか，またそ
の対策には技術的にどのような手段があるかを理解し活用すること
で，多くの脅威から自分自身を守りトラブルを回避できるはずであ
る。このためには専門家の育成も急務で技術的な分野の専門家とと
もに，広く一般の利用者にセキュリティの認識を啓蒙する専門家の
育成も必要である。

　また，インターネット自体が全体の責任者の存在しないシステム
であるため，それをサービスとして提供しているプロバイダーなど
の体制を整備することも社会基盤としての機能を果たす上で重要で
ある。操作員の単純なミスによって広範囲にわたり利用者がイン
ターネットを数時間利用できないということが現実に起こっている。
さらには自然災害による障害やサイバーテロリズムなどによる悪意
を持った攻撃にいかに対処するかの方策について国家レベルでの体
制の整備が望まれる。

5　OECD新セキュリティガイドライン

　情報セキュリティへの関心の高まりを受けて，OECDは1992年に
情報システムのセキュリティに関するガイドラインを策定し，その
後の見直しを経て，2002年に「OECD Guidelines for the Security
of Information Systems and Networks:Towards a Culture of
Security（情報システム及びネットワークのセキュリティのための
ガイドライン：セキュリティ文化の普及に向けて）」を発表した。
新ガイドラインでは情報セキュリティの重要性を広く認識させるた

めにセキュリティ文化という新しい概念を提唱している。また，通信手段の普及を受け情報通信ネットワーク社会を前提とした内容になっている。すべての参加者がセキュリティに責任を負うことを規定し，情報セキュリティマネジメントのプロセスに関連する原則を以下のように規定している。

❶ 認識（Awareness）

参加者は情報システム及びネットワークのセキュリティの必要性並びにセキュリティを強化するために自分達にできることについて認識すべきである。

❷ 責任（Responsibility）

すべての参加者は情報システム及びネットワークのセキュリティに責任を負う。

❸ 対応（Response）

参加者はセキュリティの事件に対する予防，検出及び対応のために，時宜を得たかつ協力的な方法で行動すべきである。

❹ 倫理（Ethics）

参加者は他者の正当な利益を尊重すべきである。

❺ 民主主義（Democracy）

情報システム及びネットワークのセキュリティは，民主主義社会の本質的な価値に適合すべきである。

❻ リスクアセスメント（Risk assessment）

参加者はリスクアセスメントをすべきである。

❼ セキュリティの設計及び実装（Security design and implementation）

参加者は情報システム及びネットワークの本質的な要素としてセキュリティを組み込むべきである。

❽ セキュリティマネジメント（Security management）

参加者はセキュリティマネジメントへの包括的アプローチを採用すべきである。

❾ 再評価（Reassessment）

参加者は情報システム及びネットワークのセキュリティのレビュー及び再評価を行い，セキュリティの方針，実践，手段及び手続に適切な修正をすべきである。

◆引用・参考文献
1）アイテック教育研究開発部編『コンピュータシステムの基礎』，アイテック，2013.
2）鳥居壮行『わかりやすい情報セキュリティ』，オーム社，1998.
3）池内健治編『ビジネスと情報』，実教出版，2002.
4）小国力『情報社会の基盤』，丸善，2003.
5）警察庁『平成25年中のサイバー犯罪の検挙状況等について』
（http://www.npa.go.jp/cyber/statics/h25/pdf01-2.pdf）
6）経済産業省／情報処理振興事業協会『情報システム及びネットワークセキュリティのためのガイドライン』
（http://www.npa.go.jp/cyber/statics/h25/pdf01-2.pdf）

第14章 ネット社会の倫理と法

　インターネットの普及とともに悪質な迷惑メールなどで不快に感じることや，ネットショッピングでのトラブル，さらには自分の知られたくないことを書込まれるプライバシーの侵害など様々な問題に我々は直面している。情報化が進み社会全体が今まで経験しなかった変化と対峙し，それらに対処するには当然のことながら社会全体の倫理観を高めることが非常に重要である。
　デジタル情報を容易にコピーでき個人情報の扱いにこれまで以上に配慮が求められ，さらにはアイディアや著作物の特許権や著作権について従来の社会よりも身近なものとして考える必要性が出てきている。

1 新しい変化

　情報システムが社会生活の中で重要な役割を担うようになってくるとその恩恵を受ける反面，個人的にトラブルに巻き込まれる機会に直面することもある。この背景には個人情報などがシステムの中に蓄えられ，外からは簡単に見ることができない状況になってきている。もし，それが誤って記録されていても修正の機会もなく不測の事態に陥る恐れがある。また，インターネットの普及で利便性が増しているがコミュニケーションのルールをわきまえない人達が他人への誹謗，中傷や，ネットワークを悪用する詐欺行為を簡単にできる環境を生み出している。

さらに，システムを構成しているハードウェアやソフトウェアが社会生活を律しているという考え方もある。身近なところでは銀行のATMや駅の券売機などの操作方法や画面上のキーの配列などは企業によって様々である。これらの機器は，ある意味で今まで銀行員や駅員がやっていた仕事を我々にやらせることであり，そのためには我々にとって使い易いものであるべきで，システムを作る人の個人的な好みによらず，誰もが安全かつ安心して容易に使えるようにするという技術者の倫理観や職業倫理が非常に大切である。

　特にソフトウェアには規格というものが存在せず，また，作成者に公的な資格も求められず誰でもプログラムを作成できる。一般にハードウェアは，その強度や耐久性など様々な公的な基準や規制が設けられ，国家資格がなければできない仕事もある。しかしソフトウェアはそれを作る側の倫理感に委ねられている部分が大きいのが現状である。

2 倫理と法

　一般的に倫理は自主的に守るべき行動律で，社会生活を営む上で当然従うべき道徳などとも区別される。ある団体やグループの約束事である規範や規律などは明文化されている場合が多いが倫理はこれらとも異なる。当然，犯罪を処罰する目的の法律とも異なるが，倫理と法をどのように考えるかは多岐にわたり複雑である。

　刑事事件に関わるサイバー犯罪は犯罪自体が古くから存在し，その手段としてコンピュータやネットワークを使ったものと，これまでの刑法がモノを対象としてきたために情報という保存している媒体とは別物の無体物を取り扱うには従来の法律では適用が難しいケースもある。

　例えば，社外の人がある重要情報が印刷された文書を無断でコ

ピーし持ち去った場合，従来の刑法では窃盗罪に問われる。つまり
コピー用紙そのものの価値が問題であり，コピーされた重要情報の
価値は問われない法制度であった。しかし，現在では「電磁的記録」
を保護対象として明文化し対応している。一方，民事関係ではすべ
ての問題が法律によって保護もしくは規制されてはいない。法律で
は個人情報保護，消費者保護，知的財産権などを対象としているが，
ネチケットやネット上の匿名性に起因する事案などは倫理的に解決
しなければならない側面が強い。

▶　情報倫理と匿名性

　我々が社会生活を営む上ではマナー，倫理，道徳などがある。こ
れらは自主的に守るべきもので，これらに違反したからといって法
律で罰せられることはない。また，一般に倫理は「自主的に守るべ
き行動律，つまり人として行動すべき道，人のあるべき姿」といわ
れている。したがって情報倫理とは「情報を取り扱う際に個人や組
織がとるべき行動律」で，他人の権利との衝突を避ける最低限守る
べきルールである。

　インターネットが従来のメディアと異なる点は即時性，双方向性，
匿名性であるが，特に，匿名性はインターネットに起因する多くの
問題をもたらし，日常生活において身近なものとしてとらえる必要
性がある。ネットの社会ではネット上の人格とネット外の実社会で
の人格が分離されるバーチャルな世界を作り出し，ネット上で何を
名乗っても実社会の誰であるかを特定するのは困難であり，ネット
上では「ハンドルネーム」を使うことで匿名性が保たれる。

　電子商取引では取引のすべてをネット上で完結することもあるが，
どこかの過程で金銭の授受が行われ，そこで実人格とつながること
もある。しかし，その接触をプリペイド型の電子決済で行うと取引

相手の特定がほぼ不可能となる。また，ネット上の匿名の問題として名誉毀損があるが，加害者が匿名である場合にはその責任追及が難しいケースが多い。逆に被害者が匿名の場合には法的な名誉毀損が成立するのかという疑問も指摘されている。

▶ ネチケット

インターネットサービスのうちで最も使われているのは電子メールで，それを健全に利用すれば基本的にネット上の倫理的な問題も発生しないはずである。

インターネットなどを利用する人が守るべき「ネチケット」（netiquette）という倫理的な基準がある。これはネットワーク（network）とエチケット（etiquette）からなる造語で，その内容について公式に明文化されたものはない。一般社会での常識的なエ

図表14-1 ◆ ネチケット

① 自分および他人のプライバシーに配慮する
② 相手を誹謗中傷しない
③ 嫌がらせ・脅迫的・公序良俗に反するメールを送らない
④ スパムメール，チェーンメール，利益目的のメールは送らない
⑤ 資源の無駄使いを避ける
⑥ 添付ファイルに注意する
⑦ コンピュータウイルスに気をつける
⑧ 送る前にケアレスミスがないかチェックする
⑨ 文字化けに注意する
⑩ 他人の電子メールを見ない
⑪ 電子メールはハガキのようなものだと心得る
⑫ 大事な伝言は確認をとる
⑬ 著作権に気をつける

参考：猪平進　他『ユビキタス時代の情報管理概論』

チケットに加え，ネット上で特有な大容量ファイルの送信の禁止やチェーンメールの禁止などを追加したものが多い。また，特定の相手を誹謗中傷しないことも重要であり，特に電子メールのやり取りをしているうちに通常の対面での討論よりもフレーミング（flaming）という激しい暴言の応酬が起こりやすいとされている。**図表14-1**に代表的なネチケットを列挙してある。

　一般の企業においても情報もしくは情報システムに関与する者の行動規範を制定しているところが多くなっている。例えば一般的なガイドラインとして㈳情報処理学会は情報処理に関わる担当者の行動規範としての倫理綱領を定めホームページ上で公開している。我々の日常生活での情報倫理の指針として同様のことがいえるので参考にしていただきたい。

　いずれにせよ情報倫理に標準や法則は存在しない。あくまでも個人の価値観やその時代の社会の許容範囲によるところが大きい。ただ基本は現実の社会と同じで，一般に通用している社会生活上のルールを守ることや公私の別をわきまえることなどが重要である。そして言葉遣いや表現に留意し，相手の気持ちやプライバシーに配慮することである。その上でネットワーク特有の環境，つまり仮想空間を相手にしていることを念頭に置くことが大事である。

　これからの社会を健全な居心地の良いものにするかどうかはネットワークを利用する我々一人ひとりの行動にかかっている。

3　個人情報の保護

　2003年5月に成立した個人情報保護法では個人情報を「生存する個人に関する情報であって，その情報に含まれる氏名，生年月日その他の記述等により特定の個人を識別することができるもの（他の情報と容易に照合することができ，それにより特定の個人を識別す

ることができることとなるものを含む。）をいう。」と定義されている。以下で，個人情報とは具体的に何を指すのか，また，大きな社会問題になっている個人情報の漏えいについても考えてみる。

　個人情報保護法が成立した背景には日本では江戸時代の長屋住まいに象徴されるような共同生活の文化があったためか，個人の情報には無関心であった。ヨーロッパ各国は国際的な情報化が進む中で個人情報にどのように対処するかという問題が真剣に討議され，**図表14-2**に示すプライバシー保護と個人データの国際流通についてのOECD 8 原則という形で1980年に勧告が出された。これに基づき各国は個人の権利・利益の保護に積極的に取り組んだが，我が国は加盟国であったにもかかわらず，1988年に行政機関を対象とした「行政機関の保有する電子計算機処理に係る個人情報の保護に関する法律」が制定されたのみであった。

　なおOECDは2013年プライバシーガイドラインを改正している。

　しかし，IT機器の処理能力の向上や個人情報を戦略的に使用する価値の増大などで個人情報の収集が広く行われるようになり，それに伴い集めた個人情報の漏えい・流出という社会問題も表面化してきた。

図表14-2 ◆ OECD 8 原則（改正版）

① 収集制限の原則
② データ内容の原則
③ 目的明確化の原則
④ 利用の制限の原則
⑤ 安全保護措置の原則
⑥ 公開の原則
⑦ 個人参加の原則
⑧ 責任の原則

一般に個人情報には次のような基本属性情報と取り扱いに慎重さが求められるセンシティブ（sensitive）情報がある。

> ①**基本属性情報**：住所，氏名，生年月日，電話番号，性別，電子メールアドレス，職業，肖像など
>
> ②**センシティブ情報**：病歴*，学歴，前科・前歴*，学業成績，勤務成績，年収，納税額，所有不動産，借入額，趣味，嗜好，商品購入履歴，人種*，思想・信条*など

特に，*のついたものは個人の尊厳やプライバシーと深く関係するものでハイリーセンシティブ情報といわれる。

また，一般的に使用されるプライバシーという言葉は当初「私生活をみだりに公開されない権利」と理解されていたが，個人情報の収集・管理が容易となり，個人のプライバシーが侵害される恐れが広まったことで「自己に関する情報をコントロールする権利」という考え方が有力になってきている。

個人情報保護法が制定され10年以上経ち，ITの飛躍的な進展がいわゆるビッグデータの収集・分析を可能にしている。ビッグデータの中でも個人の行動・状態に代表されるパーソナルデータなどの取り扱いが不明瞭なグレイゾーンといわれ，その検討が政府で行われた。その結果，2015年9月に改正個人情報保護法が成立し，2016年より一部施行されている。おもな改正内容は個人情報の定義の明確化，要配慮個人情報，匿名加工情報といった概念の導入である。

たとえば改正法では個人情報の定義を拡張し，その対象に顔や指紋などの身体的特徴を電子化した情報や，携帯電話や免許証の番号を加えている。また，位置情報や購買履歴などの情報も個人の識別につながる場合は対象となるが，一方で本人の同意がなくても情報

が個人に結び付かないように適切な規律の下で加工すれば第三者に提供できる仕組みを整備するなどとしている。

どちらにしても今回の改正点は，社会の変化やITの進歩に法律が追いついていない結果であり，今後も柔軟な対応が望まれる。

一旦，情報システムに蓄えられた個人情報は情報の不当な利用，改ざん，加工等が容易にできるが故に，その取り扱いには利用の正当性，機密性，正確性が強く求められることを忘れてはならない。

NPO法人の日本ネットワークセキュリティ協会（JNSA）の調査によると，個人情報の漏えいは，その80％を「管理ミス」が占め，次に「設定ミス」，「不正アクセス」と関係者の注意不足に起因するもので90％以上を占めている。また，漏えい経路も「紙媒体」と「USB系の可搬記録媒体」で約85％を占めている。紙媒体は業務内容に関わらず多用され，それだけ誤廃棄や誤送付で漏えいされることも多い。可搬媒体も移動中での紛失が考えられるが，いずれの場合も適切な指導・管理を徹底することで防げるケースが多いと指摘できる。

4 知的財産

知的財産は人間の知的活動の成果である創作物や商業標識など無形のモノを指していて書物の内容，音楽，絵画，ノウハウ，発明などの活動の成果を対象としている。これらのモノはいわゆるハードウェアと違って改ざんや盗用が容易である。知的財産権はこれらの知的生産活動によって生まれた財産的価値についての権利を認め，それを保護するものである。その主なものは産業財産権と著作権に分類できる。なお，産業財産権は工業所有権と呼ばれていた。

▶ 産業財産権と著作権

　産業財産権は産業における利用を目的にしたもので，特許権（特許法），実用新案権（実用新案法），意匠権（意匠法）商標権（商標法）などがある。

　特許に該当するものは発明，新規性，進歩性の3つの要件を満たし，公序良俗や公衆衛生を害してはいけないとされている。特許権は発明者に特定の期間その発明への独占権を与え，新しいアイディアを保護する。つまり発明者の努力に報い，特許権者の許諾なしにそのアイディアの使用を禁止し，他人がそのアイディアを利用しようとすれば特許権者の同意を得て使用料を支払う仕組みになっている。実用新案も特許と同様に技術的な創案を対象としていて，モノの形状や構造といったような考案に対しての独占権を認めている。

　著作権は文化的活動，つまり著作や美術などの創作活動の成果物を保護するもので，著作権法では「思想又は感情を創作時に表現したものであって，文学，学術，美術又は音楽の範囲に属するもの」と定義されている。

　ITの発展によりソフトウェアプログラムも著作権法で守られている。したがって通常我々が意識せずに使っている「ソフトウェアを買う」という表現もソフトウェアによってはその使用条件に同意した上で「使用許諾を得ると」いう表現が正しい。

　著作権者が有する著作権の種類には以下のものがある。

---

①自己の著作物を複製することができる複製権

②自己の著作物を公衆に伝えることができる上演権，演奏権，上映権，公衆送信権，伝達権，口述権，展示権

③映画の著作物をその複製物により頒布することができる頒布権

④映画以外の著作物についてその原作品または複製物を譲渡することができる譲渡権
⑤映画以外の著作物について複製物を貸与することができる貸与権
⑥著作物から二次的創作物を創作することができる翻訳権，翻案権など

　したがって上記のことをしようとすると，著作権法違反に問われるので著作者の許可を得なければならない。著作権は著作者の死後も保護されるが，それを引き継ぐ親族は配偶者，子，父母，祖父母または兄弟姉妹に限られている。

　ネットでの消費者発信の動きが増すにつれて著作権法は我々にとって身近であり，かつ注意しなければならないものとなってきた。今までは創作物といっても紙媒体での表現がほとんどで，仲間内に配っていたようなものが一瞬のうちに全世界に送信される環境になり，他人の創作物の複製も容易である。ここで注意しなければならないのはウェブ上で公開すればそれが自分の創作物であれ他人の著作物の複製であれ，従来のマスメディアで公表したことと同じである。特に，複製物の場合には上述の著作権法の複製権や公衆送信権を侵害したことになる。したがってネット上の表現は公的な印刷物と同じであり，できるだけ他の創作物を引用しないことが当然であり，もし引用したとしても最小限にし，著作者名，出所（出版物名，サイト名など）を明示することが最低限必要である。また，今は簡単に他のウェブページにリンクを張ることも可能であるが，その場合でもリンク先の許可を得ることが必要である。

図表14-3 ◆ 特許権と著作権

	特許権	著作権
法の趣旨	特許法：産業の発展に寄与する	著作権法：文化の発展に寄与する
権利の内容	発明の実施を占有する権利：発明したものを独占的に生産したり，使用，譲渡，貸渡，展示したりできる権利	狭義の著作権：財産権のひとつ複製物を販売するなどとして，経済的な利益を得る権利 著作者人格権：名誉権のひとつプログラムを公表したり，著作者名を表示するなどの権利
保護の対象	アイディア（自然法則を利用していて，新規性，進歩性を持ち，産業上有用なもの）	創造性ある表現（プログラム言語，規約，解法は保護しない）
権利の発生	特許庁に出願し，審査を通過し，登録されたときに発生する	著作物を作ったときに自動的に発生する
保護の期間	出願の日から20年以内	著作者の死後50年または公表後50年，創作後50年以内に公表しなければならない（映画は70年）
権利の侵害	「知らなかった」で済まない（独自に発明したものであっても，先に権利を取得した人がいれば権利の侵害になる）	「知らなかった」で済む（他人の著作物の模倣，盗用でなければ同じものを作っても権利の侵害にならない）

出所：アイテック教育研究開発部編『コンピュータシステムの基礎』

▶ ソフトウェアと著作権

先に述べたようにソフトウェアプログラムは著作権で保護されている。

通常，1ライセンスのソフトウェアの使用許諾条件は1台の機器に限定されている。例えばネットワーク化して1台のサーバにひとつのソフトウェアを導入し，それを他の端末で使用するのは公衆送信権の侵害とされる。

しかし著作権にとらわれず，より広く流通を促す動きもある。その代表例がフリーソフトウェアである。このフリーの意味も2つあり，ひとつは無償で使えるという意味，もうひとつはソースコード

を公開し改変や再配布が自由に行えるという意味で使われることが多い。後者をオープンソースソフトウェアと呼ぶことがある。フリーソフトウェアの変形として無償配布されるが試用期間後に継続使用するには使用料を支払うシェアウェアもある。

最近の動きとしてクリエイティブコモンズ（creative commons）という活動がある。これは，ソフトウェアというよりも，写真や音楽などの著作物をより多くの人々に知ってもらいたいという要求を満たすために推進されていて，著作権に関するすべての権利を留保するのではなく，一定の条件下で一部の権利のみを留保して著作物を他の人に利用してもらうようにする考え方である。2001年に米国でNPOとして活動を開始し，新しい知的財産権のあり方を提唱している。このように著作権も社会の環境の変化とともに新しい対応が求められているのも事実である。

◆引用・参考文献
1）松田政行監修『よくわかる個人情報保護法』，日刊工業新聞社，2005.
2）特許庁『ビジネス活性化のための知的財産活用』㈳発明協会2004.
3）アイテック教育研究開発部編『コンピュータシステムの基礎』，アイテック，2013.
4）猪平進他『ユビキタス時代の情報管理概論』，共立出版，2004.
5）NPO日本ネットワークセキュリティ協会『2012年情報セキュリティインシデントの関する調査報告書』，2014.
（http://www.jnsa.org/result/incident/index.html）
6）㈶日本情報経済社会推進協会
『OECDプライバシーガイドライン2013』
（http://www.jipdec.or.jp/publications/oecd/2013/01.pdf）
7）高度情報通信ネットワーク社会推進戦略本部
『個人情報の保護に関する法律の一部を改正する法律案（仮称）の骨子（案）』
（http://www.kantei.go.jp/jp/singi/it2/pd/dai13/gijisidai.html）

第15章 ネットビジネスイノベーション

　ネットビジネスの発展はまさにイノベーションの歩みといっても過言ではない。インターネットの出現により，社会における個々の関係が変わり，組織構造もフラットなものになってきた。ビジネスプロセスも単なる効率化から大きな価値を生み出すネットワーク共有型のプロセスへと変化し，意思決定も分権・委譲，柔軟・スピードを重視した顧客主導の考え方へとパラダイムシフトが起こっている。これらはまさにネットによるイノベーションである。本章では中でも重要な役割を果たすべき国としての取組み，さらには日々進化を遂げているモバイル端末などの最近動向を見てみたい。

　最後にまとめとしてネットビジネスがインフラストラクチャとしての役割を果たすためのプラットフォームを支えるキーワードを考えてみたい。またそのためにネットビジネスの課題という観点から今後対処しなければならないに点について言及する。

1　イノベーションとは

　イノベーションという言葉が最近，政治，経済を始め経営，教育など様々な分野で使われているがどのような意味を持っているのだろうか。語源は英語の「innovation」であるがラテン語の「innovatus：リニューアルされたもの」からきたといわれている。

　オーストリア出身のジョセフ・シュムペーター（Joseph A. Schumpeter）による100年程前の経済発展の概念が今でも多くの書

物に載っている。彼はイノベーションを新しいものを生産する，あるいは既存のものを新しい方法で生産することを意味するととらえている。具体的にはモノや力を従来と異なる形で結合することで新結合を生み出すことをいっている。これらの新結合には以下の項目が含まれる。

①新しい財貨，あるいは新しい品質の財貨の生産
②新しい生産方法の導入
③新しい市場の開拓
④原料・半製品の新しい供給源の獲得
⑤新しい組織の実現

日本では一般的にイノベーションは広い意味での「革新」や「改革」という内容で用いられている。新しいサービスや製品を作りユーザーに届け，経営や業務で新しいプロセスを作り，既存の仕組みや慣行を変えていき社会的にも大きな変革をもたらす。

なお，中国語ではイノベーションを「創新」とも訳しているがこの言葉の方がイノベーションの実体を表現しているように思える。

2 ネットビジネスとイノベーション

ネットビジネスのイノベーションは多方面にわたり多様で，その柱であるインターネットがインフラストラクチャとしての地位を確立しつつある。インフラストラクチャは電気・ガス・水道のライフラインが代表例であるがその意味は一般的に「ある技術が成熟し，それを利用するための社会的な整備（運用，法制），設備，連絡網などで社会的・法律的な面，技術的な面，経済的な面を含む基盤や構造をいう」とされている。

図表15-1 ◆ ネットビジネスとイノベーション

参考：宮川公男編『経営情報システム』

　ネットビジネスにおいてもインフラストラクチャはビジネスを行うための基盤として必要な仕組みが相互に関係し合うことやネットワークでつながった設備や道具類をいうことが多く，まさにイノベーションを行っている。

　図表15-1は新聞社の例をとって従来からの紙に印刷して各戸に配達していた新聞をネット上で提供するというイノベーションがもたらされた場合，そのインフラストラクチャがどのように変わるのか考えてみる。

　従来の市場は売り手・買い手が同一空間で取引をする実空間であったが，ネットビジネスではネットのバーチャルな市場で，売り手・買い手が同一空間に存在しない市場である。また新聞の例ではコンテンツがニュースであり，それを読者へ提供するプラットフォームは紙，読者へ新聞を届けるにはトラック等を使った配送システムで販売店へ届けられ，そこから各戸へ届けられるインフラストラクチャができている。

　それがネット上でのニュースの提供になると，コンテンツは同じ

ニュースであっても読者には紙で提供されるのではなく，パソコンや情報端末がプラットフォームになる。また，読者へニュースを届けるインフラストラクチャもインターネットプロバイダを経由したネットワークを利用する。つまり，今までは新聞社が販売店までをも組織化しビジネスを行っていたが，ニュースをネットで配信するネットビジネスになって各構成要素が分離し，新聞社が提供するのはニュースというコンテンツのみになる。つまり，シュムペーターの定義に従うと新しい生産方法や新しい供給源の開拓による新結合で新聞というものにイノベーションが起こっている。

3 IT戦略

　ネットビジネスがさらに発展していくには次の時代でのイノベーションのためのインフラストラクチャの役割を果たすことである。その根幹にはやはり国のITに関する戦略がなくてはならない。

▶　情報スーパーハイウェイ構想

　情報スーパーハイウェイ構想は1993年，米国のクリントン政権下で副大統領だったアルバート・ゴア（Albert Arnold Gore, Jr.）が提唱した全米規模の高度情報通信ネットワークの構想で「全米情報基盤」（NII：National Information Infrastructure）が正式名称である。その主眼は情報社会のインフラストラクチャとして通信ネットワークによる情報ハイウェイを構築し，21世紀の米国社会の発展を促すものであった。この構想は2015年までに全米に通信網による情報の社会基盤の構築・整備を行うというもので，民間の資本を積極的に活用し，誰にも負担可能な料金で情報を利用できるようにする格差のない社会を目指した国家戦略でインターネットの普及に大きな貢献をしたと考えられる。

情報スーパーハイウェイの考え方はその後の他のIT戦略に大きな影響を与え，今日でも通用するので以下に主な項目をあげておく。

①民間投資を奨める
②競争原理を確立し維持する
③誰でもネットワークを利用できる
④情報社会に「もてる者」と「もたざる者」を作らない
⑤政府の対応に柔軟性と即応性を持たせる

▶ 日本のIT戦略

残念ながら日本のIT戦略は構想が先行し，実行がなかなか伴わない実態を繰り返している。米国のスーパーハイウェイ構想を参考に，我が国においても政府は「5年以内に世界最先端のIT国家になる」という国家戦略を遂行するため，2001年に「高度情報通信ネットワーク社会形成基本法」(IT基本法) を制定し，「高度情報通信ネットワーク社会推進戦略本部」(IT戦略本部) を立ちあげ，官邸主導でスタートした。「e-Japan」という「5年以内に世界最先端のIT国家になる」という基本戦略の下に目指すべき社会として次の項目を掲げた。

①すべての国民が情報リテラシーを備え，豊富な知識と情報を交流し得る
②競争原理に基づき，常に多様で効率的な経済構造に向けた改革が推進される
③知識創発型社会の地球規模での発展に向けて積極的な国際貢献をおこなう

その後，毎年のように推進状況の検討と重点計画の見直しが行われたが，近年は度重なる首相の交代や政権交代のためか，IT戦略そのものが国民には見えにくくなっている。2014年にIT戦略本部は以下の「世界最先端IT国家創造宣言」を打ち出し，世界最先端のIT国家の目指すべき社会・姿を示している。

①革新的な新産業・新サービスの創出と全産業の成長を促進する社会
②健康で安心して快適に生活できる，世界一安全で災害に強い社会
③公共サービスがワンストップで誰でもどこでもいつでも受けられる社会の実現

ここ数年あまり焦点の当てられなかった我が国のIT戦略がこれを契機に着実に実行されることを期待したい。

4 進化するモバイル端末

モバイル端末の進化の流れはパソコンが小型化していく流れと携帯電話が機能強化されていく2つの大きな流れからとらえることができる。どちらの流れも後述のポストPCの時代を意識して出現し，各メーカーが独自性を発揮するためその分類も難しいが，携帯電話の進化としての代表格であるスマートフォンと，主に10インチ程度のタッチパネルのディスプレイを持つタブレット端末，さらに最近話題になっているウェアラブル端末について説明するがそれらの境界も取り除かれつつある。

▶ スマートフォン

　コミュニケーションのツールとして今まで主役であった固定電話の地位が低下し，それに代わる携帯電話の普及が目覚ましいのは周知の事実である。この携帯電話も本来の電話という機能に加え，カメラ機能，iモードに代表されるインターネット機能，さらにはおサイフケータイなどの決済機能やワンセグによるテレビ放送の受信ができる機種が一般的になってきた。このように技術的には世界最先端の機能を実現しながら世界標準と異なる日本独自の進化を遂げ，諸外国に全く普及していない日本の携帯電話の特異性を表現する言葉としてガラパゴス化といわれていたのも事実である。

　これまでの日本の携帯電話と異なり，スマートフォンは電話機能に加え多機能かつ高機能な端末であり，携帯電話とパソコンのようなインターネット接続とワープロ，表計算機能を備え，カメラ機能やゲーム・音楽・動画のダウンロードと再生など多彩な機能が搭載されていて，キーボードを付属している機種もあり小型のパソコンにも劣らないほどである。つまり，従来の携帯電話と比較して画面が5インチ程度と広く，通信機能やウェブ閲覧機能が拡充されている。この市場を爆発的に拡大させたのはアップルが2008年に発売した「iPhone」で，その後グーグルのOS（Android：アンドロイド）を搭載した機種などが発売され，多量の情報入力には向かないが作業場所を選ばず軽量であることから情報端末として普及が進んでいる。

　これらモバイル端末の分野のビジネスモデルはアップルが音楽配信ビジネスで先行した端末，OS，コンテンツ，オンラインショップを運営しサービスを提供する垂直統合型で，自社が管理するクローズドなモデルである。これに対しグーグルは他社が参加できる

オープンな戦略をとった。しかしこの市場はプラットフォームをいかに構築し，ビジネスを拡大していくのかという単なるメーカーだけの競争ではなく，ビジネスパートナーをも巻き込んだイノベーションが求められ，最近は他企業との連携や特定の分野での技術を持っている企業を買収するなどで，棲み分けの時代から競争相手の得意分野へ進出してきている。

▶ タブレット端末

iPadの発売で脚光を浴びたタブレット端末であるが，機器自体は従来からのタッチパネルを搭載したハンドヘルド型のタブレットPCが進化したものである。しかし，iPadのデザインの先進性，機能の高さ，使い勝手の良さ，さらにはすでにiPhoneで実績のあるコンテンツ群の豊富さで新しい分野を拓いたが他のメーカーも同様な端末を発売している。

このカテゴリーにはいわゆる電子書籍を読むためのアマゾンのキンドル（Kindle）に代表される電子ブックリーダーがある。

電子ブックリーダーは高精細で文字をページという概念で表示できることに加え，あくまで通常の印刷された本と同様に扱うことに重点を置いて開発されている。さらに，しおり機能や文字の大きさの変更，メモ書き，辞書機能などをもつものが多い。

また，ディスプレイは液晶とは異なる電子ペーパーという表示方法が採用されている。液晶はカラーや動画表示をできる利点があるが，電子ペーパーは太陽光や電灯などの外部の光を反射させて画面を表示させる技術で，液晶のようなバックライト方式とは異なる。これにより視野角も大きく，より紙に近い文字としての見やすさがあり消費電力も少ない。技術の進歩で近いうちにカラー電子ペーパーを用いた電子ブックリーダーの発売も期待されている。

2007年に発売されたキンドル以前にも電子書籍を読む端末は存在していたが，キンドルはモバイル機能を備え，かつアマゾンは膨大な蔵書を揃えたキンドルストアと呼ばれるオンラインの電子書籍店舗を開設し，アップルが「iPod」と「iTunes」の組み合わせで音楽配信ビジネスを先行して立ち上げたのと同様のビジネスモデルを構築し市場を拓いた。その後，他のメーカーも電子書籍専用端末を開発し，出版社などと連携し電子書籍という新しい分野を開いている。しかし，印刷された従来の書籍とネット配信される電子書籍との棲み分けや著作権などの問題，さらには電子書籍は通常の書籍のように所有権が移転されないなどまだ課題を残している。

▶　ウェアラブル端末

　ウェアラブル（wearable）端末とは身につけて持ち歩きできる情報端末の総称で基本的に体に装着したまま利用する携帯型の端末のことである。

　1990年代から米国などで研究開発が始まり，小型軽量の部品で構成され，携帯情報端末の機能を持つ。腕時計のように腕につけるものやヘッドマウントディスプレイ（HMD:Head Mount Display）といって頭部に装着するディスプレイなどはすでに製品化されている。また，メガネ型のものも登場したが，見た目や装着の違和感や重さ，さらにはプライバシーの問題など本格的な普及にはまだ課題もある。今後は衣服の一部に埋め込んだまさにウェアラブルな端末の本格的な普及も期待できる。

5　スマートなプラットフォームへ

　これからのネットビジネスを考えるとき，見過ごすことのできない大きな流れがある。ひとつはポストPCの時代であり，もうひと

つはビッグデータである。

▶ ポストPC時代

アップルの創業者，故スティーブ・ジョブズは「iPadはポスト
PC時代の始まりを告げるものであるが，それは単に従来型のパソ
コンが消滅するものではない」といっていた。

ポストPC時代とはこれまでのパソコンが感覚的に堅苦しい感じ
で操作も難しく，使用するにもある一定の距離を感じていたものが，
フレンドリーでいつでもどこでも使えて操作も直感的になってきた
変化をいっている。つまり従来型のパソコンの機能に加え，形状や
マンマシンインターフェイス，さらには使用環境などが異なるウェ
アラブル端末のように，より身近なものになっていく新しい情報端
末の出現である。

さらには従来からいわれていたユビキタスコンピューティングの
発展で，最近は第5章で述べたIoTも人を介さず，モノとモノとの
コミュニケーションを自動的に行い，ネットビジネスの基本的な考
え方であるネットワークコンピューティングと同様に，コンピュー
タが小型化しすべてのモノがインターネットにつながりモバイルの
環境で使われる場合が多くなる。

▶ ビッグデータ

コンピュータとは元々データを処理する道具であり，データとは
深い関わりあいを持っている。しかし，最近は情報量が増え続け通
常のデータベース管理では扱うことが困難なほど巨大なデータが集
まっている。これらのデータは第2章で述べたように従来からの顧
客データや販売データといった構造化されたデータのみならず，音
声，動画，ブログ/SNS，GPS，センサーなどの非構造化のデータ

図表15-2 ◆ ビッグデータを構成する各種データ（例）

ソーシャルメディアデータ ソーシャルメディアにおいて参加者が書き込むプロフィール，コメントなど	**マルチメディアデータ** ウェブ上の配信サイトなどにおいて提供される音声，動画など	**ウェブサイトデータ** EC サイトやブログなどにおいて蓄積などされる購入履歴，ブログエントリーなど
カスタマーデータ CRM システムにおいて管理などされる DM など販促データ，会員カードデータなど	**ビッグデータ**	**センサーデータ** GPS, IC カードや RFID などにおいて検知などされる位置，乗車履歴，温度，加速度など
オフィスデータ オフィスのパソコンなどにおいて作成などされるオフィス文書，E メールなど	**ログデータ** ウェブサーバーなどにおいて自動的に生成などされるアクセスログ，エラーログなど	**オペレーションデータ** 販売管理などの業務システムにおいて生成などされるPOS データ，取引明細データなど

出所：『平成24年度情報通信白書』を改変

も含め，処理の高度化とその格納，検索，共有，分析や可視化などの活用を目指しているのがビッグデータである。これらについて明確な定義もないが，サイズありきがビッグデータではない。

　ビッグデータを利用する効果としては異常を事前に察知したり，現状のより詳細な分析，予測の精度の向上などが期待され，新たな分野での利用が活発化している。**図表15-2**にその各種データの例を示した。

▶　スマートなプラットフォーム

　これからのよりスマート（賢い）なIT社会ではネットビジネスがインフラストラクチャとしての役割を果たすためのプラット

フォームの確立が求められる。この実現を支えるキーワードは**図表15-3**にある「ソーシャル」，「ビッグデータ」，「クラウド」と「モバイル」ではないだろうか。これらの分野が融合し合い，たがいに重なり，あらゆる生活のシーンで現在よりさらにスマートな社会が出現し，新しいITスタイルが生まれてくる。

　ソーシャルメディアを活用して人々のつながりは強まり，時間と距離はさらに縮まっていくであろう。SNSに代表されるつながりが社会の変革を生み出していくエネルギーになる可能性も秘めている。

　クラウドやビッグデータについてすでに述べたように，これからのITの中核を担うもので，まさに情報システムそのものの役割を果たすだろう。モバイル環境もシームレスで快適なサービスをもたらし，各種の情報端末やデバイスからのデータによるビッグデータの活用も日常化され，我々のライフスタイルをより安心・安全にしてくれるのではないだろうか。

　このように新しいITスタイルへ向かってのスマートなプラットフォームが日常生活のあらゆるところでイノベーションを生み出し，今までのトレンドとは違う次世代のネットビジネスの時代に向けて動いている。

図表15-3 ◆ スマートなプラットフォーム

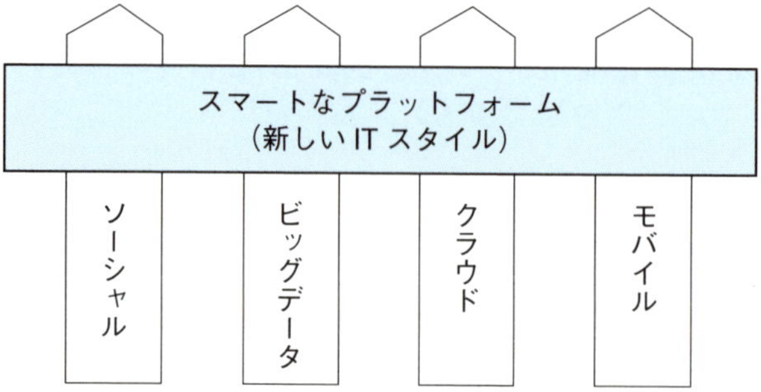

6 インフラストラクチャへの課題

　ネットビジネスがインフラストラクチャの地位を得るにつれて，そこには光と影の部分がどうしても出てくる。日常の生活や企業のビジネスに利便性と豊かさをもたらすのがネットビジネス本来の目的であるが，これが我々に多忙で複雑な行動を強いている一面もあり，人間本来の豊かさに結びついているのであろうかとの疑問もある。また，情報リテラシーの拡大は情報格差を生み出し，その差が広がっているといわざるをえない。

　さらに，コンピュータの中に一度入った情報はチェックすることが難しく，情報機器も含め中身が分からないブラックボックス化している感を否めない。ハードウェアやソフトウェアが社会の日常生活の中で使用されるということはすでに述べたように，ITが社会を律していることであり，我々が益々その規制を受けているともいえる。情報がネットによって瞬時に誰にでも伝わる環境ができ，個人がすべてを扱える量を超えていて，中には信頼性の低い情報や迷惑となるような情報がかなり占めているという弊害も出てきている。ネット社会になり世の中がフラット化したといわれる反面，大量の情報を処理し，蓄積し，管理できる者に情報の集中をもたらすという一極集中の現象も起きている。

　このような社会現象の中で，ネットビジネスがインフラストラクチャとしての役割を果たす上での課題について次頁の**図表15-4**にまとめてある。

　基盤面ではプラットフォームとしてのネットビジネスの存在を意識することなく誰でもが使用でき信頼できるものでなくてはならない。機能面においても異機種接続を可能にする標準化が求められ，公的標準であれ事実上の標準であれすべての機器に必要であろう。

図表15-4 ◆ インフラストラクチャとしての役割と課題

基盤面（信頼性）	・コンピュータ/ネットワーク技術の進化 ・高品質（システムの信頼性） ・耐久性（長期の使用に耐える）
機能面（容易性）	・標準化/オープンな接続性（異機種混在） ・マンマシンインターフェース（操作の簡便性） ・ユニバーサルデザイン
利用面（安心感）	・利用者保護（法的/行政的） ・情報格差の是正 ・疎外感（心の問題）/閉鎖的・排他的人間関係への対策 　/ネット依存症 ・人材育成（ITリテラシーの向上/専門家の育成）

さらにユニバーサルデザインの考えを取り入れたユーザーフレンドリーな機器としての操作性を高めるマンマシンインターフェースの改善も課題である。

また，運用上での障害は許されず，システムが巨大になればなる程そのテストにも時間を要するが，高品質のシステムでなければならず，かつ長期の使用に応える耐久性を持たなければならない。

利用面で大事なことは我々利用者が安心して使えることである。そのためには生活者の視点でのインフラストラクチャでなければならず，また，トラブルに際しての法制面や行政面での利用者保護が十分に考慮されていなければならない。特に最近は「SNS疲れ」や「ネット依存症」というネットによる健康面の弊害も指摘されている。

情報絡差の是正を始めとするこれらの取り組みをサポートするには，あらゆる部署にITを理解した専門家を配置できる十分な人材の教育・育成が急務であるのはいうまでもない。さらには人とモノとのコミュニケーションが憎加するために，人と人とのコミュニケーションの欠如による心の問題もこれからの社会で解決すべき課題として取り組むことが必要である。

◆引用・参考文献
1）宮川公男編『経営情報システム（第3版）』，中央経済社，2006.
2）小国力『情報社会の基盤』，丸善，2003.
3）『週刊東洋経済』，2010年7月3日号，東洋経済新報社.
4）IT戦略本部ウェブサイト『e-Japan』，『IT新改革戦略』
（http://www.kantei.go.jp/jp/singi/it2/）
5）IT戦略本部ウェブサイト『世界最先端IT国家創造宣言』6/14/2014
（http://www.kantei.go.jp/jp/singi/it2/kettei/pdf/20140624/
siryou1.pdf）
6）WIERD.jp『ポストPC時代を定義する4つのファクター』5/19/2011
7）一橋大学イノベーション研究センター編『イノベーション・マネジメント入門』，日本経済新聞出版社，2006.
8）シュムペーター，塩野谷祐一他訳『経済発展の理論』，岩波書店，2010.
9）総務省『平成24年度　情報通信白書』，ぎょうせい，2012.

索　引

〔英数索引〕

ABC	45
AIDMA	143
AISAS	143
Ajax	83
Amazon.com	118
ARPANET	59
ATM	11
BPR	89
BTO	126
B to B	100
B to C	100
BTS	126
CAFIS	157
CAT端末	157
CGM	81, 128
CRM	95
CS	95
C to C	100
DSS	88
EC	3, 99
EC2	52
EDI	107
EDPS	87
e-Japan	197
ENIAC	45
EPC	164
ERP	89
EUC	89
eマーケットプレイス	107
Facebook	131, 134
FSP	95

FTP	61
Google+	131, 136
GREE	131
GUI	69
HaaS	53
HTML	66
http	65
https	66
IaaS	53
IC	162
ICANN	66
ICT	8
IE	80
IoT	67
iPad	200
iPhone	199
IPv4	64
IPv6	64
IPアドレス	64
IR	144
IT	2
ITIL	37
IT基本法	197
ITサービス	34
IT戦略本部	197
JIT	90
LAN	49
LINE	131, 134
MIS	88
mixi	131
Mobage	131
MOSAIC	69
NGN	67

209

O2O（オーツーオー）‥‥‥‥‥ 122
PaaS ‥‥‥‥‥‥‥‥‥‥‥‥ 53
PIN ‥‥‥‥‥‥‥‥‥‥‥‥ 155
POS‥‥‥‥‥‥‥‥‥‥‥‥‥ 11
Priceline.com‥‥‥‥‥‥‥‥‥ 121
P to P ‥‥‥‥‥‥‥‥‥‥‥ 101
QC ‥‥‥‥‥‥‥‥‥‥‥‥‥ 90
RFC ‥‥‥‥‥‥‥‥‥‥‥‥ 59
RFID ‥‥‥‥‥‥‥‥‥‥‥ 160
RSS ‥‥‥‥‥‥‥‥‥‥‥ 131
SaaS ‥‥‥‥‥‥‥‥‥‥‥‥ 52
SCM ‥‥‥‥‥‥‥‥‥‥‥‥ 90
SEM ‥‥‥‥‥‥‥‥‥‥‥ 151
SEO ‥‥‥‥‥‥‥‥‥‥‥ 151
SIS ‥‥‥‥‥‥‥‥‥‥‥‥ 89
SNS ‥‥‥‥‥‥‥‥‥ 81, 127
SNS疲れ ‥‥‥‥‥‥‥‥‥ 206
SSL ‥‥‥‥‥‥‥‥‥‥‥ 157
SSME‥‥‥‥‥‥‥‥‥‥‥ 37
TCO ‥‥‥‥‥‥‥‥‥‥‥‥ 48
TCP/IP ‥‥‥‥‥‥‥‥‥‥ 58
TOC ‥‥‥‥‥‥‥‥‥‥‥‥ 91
Twitter ‥‥‥‥‥‥‥‥‥‥ 128
UGC ‥‥‥‥‥‥‥‥‥‥‥ 128
URL ‥‥‥‥‥‥‥‥‥‥‥‥ 65
VAN ‥‥‥‥‥‥‥‥‥‥‥‥ 57
WAN ‥‥‥‥‥‥‥‥‥‥‥ 49
Web2.0 ‥‥‥‥‥‥‥‥‥‥ 80
Wi-Fi ‥‥‥‥‥‥‥‥‥‥‥ 67
WWW‥‥‥‥‥‥‥‥‥‥‥ 69

〔和文索引〕

あ行

アウトソーシング‥‥‥‥‥‥‥ 34
アクセスコントロール‥‥‥‥‥ 170
アソシエイトプログラム‥‥‥ 78, 119
アップル‥‥‥‥‥‥‥‥‥‥ 201
アドワーズ‥‥‥‥‥‥‥‥‥ 148
アナログ情報‥‥‥‥‥‥‥‥‥ 41
アフィリエイトマーケティング‥ 152
アマゾン‥‥‥‥‥‥‥‥ 79, 118
アマゾンEC2‥‥‥‥‥‥‥‥‥ 52
アマゾンS3‥‥‥‥‥‥‥‥‥‥ 52
アマゾンアソシエイト‥‥‥‥‥ 152
暗号化‥‥‥‥‥‥‥‥‥‥‥ 171
暗証番号‥‥‥‥‥‥‥‥‥‥ 155
アンドロイド‥‥‥‥‥‥‥‥ 199
イーサネット‥‥‥‥‥‥‥‥‥ 49
異質性‥‥‥‥‥‥‥‥‥‥‥‥ 30
イノベーション‥‥‥‥‥‥‥ 193
インターネット‥‥‥‥‥‥‥‥ 58
インフラストラクチャ‥‥‥‥‥ 194
インプレッション課金型‥‥‥‥ 149
インプレッション保証型‥‥‥‥ 149
ウイキペディア‥‥‥‥‥‥‥‥ 79
ウイン・ウインの関係‥‥‥‥‥ 95
ウィンテル‥‥‥‥‥‥‥‥‥‥ 82
ウェアラブル端末‥‥‥‥‥ 84, 201
ウェブ‥‥‥‥‥‥‥‥‥‥ 61, 69
ウェブアクセシビリティ指針‥‥ 150
ウェブブラウザ‥‥‥‥‥‥‥‥ 61
エスクローサービス‥‥‥‥‥ 102
オークション‥‥‥‥‥‥‥‥ 121
おサイフケータイ‥‥‥‥‥‥ 161
オプトアウトメール‥‥‥‥‥ 148
オプトインメール‥‥‥‥‥‥ 148
オープンソースソフトウェア‥‥ 192

オムニチャネル…………………… 124
オンラインショッピングモール… 109
オンラインリアルタイム………… 10
オンラインリアルタイム処理…… 44

か行

仮想端末機能……………………… 62
ガラパゴス化……………………… 199
カンバン方式……………………… 90
キオスク情報端末………………… 111
期間保証型………………………… 149
逆オークション…………………… 121
業界標準…………………………… 72
業務情報システム………………… 86
キンドル…………………… 119, 200
グーグル…………………………… 199
グーグルアドセンス……………… 152
クチコミサイト…………………… 127
クライアント……………………… 48
クライアントサーバシステム…… 48
クラウドコンピューティング…… 51
クリエイティブコモンズ………… 192
クリック課金型…………………… 150
クリック保証型…………………… 149
クリック＆モルタル……………… 100
クレジットカード決済…………… 157
クロスチェック…………………… 17
経営情報システム………………… 86
掲示板……………………………… 129
検索連動型広告…………………… 148
コアコンピタンス………………… 34
公開鍵方式………………………… 177
公的標準…………………………… 71
行動ターゲティング……………… 153
顧客管理…………………………… 95
顧客満足度………………………… 95
個人情報…………………………… 185
個人情報保護法…………………… 185

コンピュータウイルス…………… 173

さ行

サーバ……………………………… 48
サービス学会……………………… 38
サービスサイエンス……………… 37
サービスの特性…………………… 30
サイバー犯罪……………………… 175
サプライチェーンマネジメント… 90
産業財産権………………………… 189
収益逓増…………………………… 75
集合知……………………………… 79
集中処理…………………………… 46
消費者発信型メディア…………… 128
情報格差…………………………… 7
情報スーパーハイウェイ構想…… 196
情報流通インデックス…………… 21
情報倫理…………………………… 183
ショールーミング………………… 123
消滅性……………………………… 30
シンクライアント………………… 50
スタンドアローン………………… 10
スパイウェア……………………… 175
スポンサードサーチ……………… 148
スマートフォン…………………… 199
成果報酬型………………… 150, 152
生体認証…………………………… 170
制約理論…………………………… 91
セキュリティのCIA……………… 168
セグメンテーション……………… 96
全米情報基盤……………… 60, 196
ソーシャルゲーム………………… 129
ソーシャルメディア……………… 128

た行

タイアップ広告…………………… 147
第1種通信業者…………………… 58
第2種通信業者…………………… 58

ダウンサイジング……………… 50
タブレット端末………………… 198
知的財産………………………… 188
知的財産権……………………… 188
チャット………………………… 62
著作権…………………………… 189
通信規約………………………… 57
ディスプレイ広告……………… 147
テキスト広告…………………… 147
デジタルサイネージ…………… 153
デジタル情報…………………… 41
デジュールスタンダード……… 71
デビットカード決済…………… 158
デファクトスタンダード……… 72
デルモデル……………………… 124
電子商取引…………………… 3, 99
電子書籍………………………… 200
電子ブックリーダー…………… 200
電子ペーパー…………………… 200
電子マネー……………………… 160
電子メール……………………… 60
動画共有サイト………………… 129
動画広告………………………… 147
同時性…………………………… 30
特許権…………………………… 189
ドメイン名……………………… 65
トラックバック………………… 131
ドラム・バッファー・ロープ… 91
トレーサビリティ……………… 163

な行

ネチケット……………………… 184
ネット依存症…………………… 206
ネットコミュニティ…………… 127
ネットスケープナビゲータ…… 80
ネットニュース………………… 62

は行

ハイパーテキスト……………… 70
ハイブリッドクラウド………… 53
パケット………………………… 59
パケット通信…………………… 63
バッチ処理……………………… 44
バナー広告……………………… 147
パブリッククラウド…………… 53
パレートの法則………………… 76
ハンドルネーム………………… 183
ビジネスモデル………………… 115
ビジネスモデル特許…………… 115
ビッグデータ………………… 25, 187
ビデオオンデマンド…………… 62
秘密鍵方式……………………… 171
ファイアウォール………… 105, 172
フィッシング……………… 67, 174
プッシュ型市場………………… 90
プライバシー…………………… 187
プライベートクラウド………… 53
フリーソフトウェア…………… 192
フリーミアム…………………… 119
プル型市場……………………… 90
ブルーツース…………………… 67
フレーミング…………………… 185
ブログ……………… 81, 127, 128
プロダクトドリブン…………… 114
プロトコル……………………… 57
分散処理………………………… 46
ペイドリスティング…………… 146
ヘッドマウントディスプレイ…… 201
ポストPC（時代）………… 198, 202
ポップアップ広告……………… 147

ま行

マーケットドリブン…………… 114
マイクロペイメント…………… 159

マスカスタマイゼーション……… 125
マルチベンダー化……………… 71
マルチメディア………………… 42
ミニブログ……………………… 128
ムーアの法則…………………… 73
無形性…………………………… 30
メーラー………………………… 60
メーリングリスト……………… 61
メール広告……………………… 148
メトカーフの法則……………… 75
モバイル広告…………………… 146

や行

ユニバーサルデザイン………… 206
ユビキタス……………… 68, 202
ユビキタスコンピューティング… 68

ら行

リコメンデーション…………… 119
リッチアド……………………… 147
ルータ…………………………… 63
ローカルエリアネットワーク…… 49
ロングテール現象……………… 76
ロングテールの法則…………… 76

わ行

ワーム…………………………… 173
ワンクリック…………………… 118
ワンクリック請求……………… 176
ワンツーワンマーケティング…… 96

《著者紹介》

中村　忠之（なかむら　ただゆき）

北海道生まれ
北海道大学工学研究科電子工学専攻修士課程修了
日本アイ・ビー・エム㈱入社
　開発・製造部門，営業・サービス部門，新規事業
　などで企画やマネジメントを担当
㈱ツガワ顧問
横浜商科大学非常勤講師
北海道情報大学経営情報学部教授
　などを歴任

著書
『eビジネス教室』（中央経済社）2008年

ネットビジネス進化論〈第2版〉
■eビジネスからクラウド，ソーシャルメディアへ

2011年3月20日　第1版第1刷発行
2014年5月1日　第1版第5刷発行
2015年2月20日　第2版第1刷発行
2022年4月30日　第2版第11刷発行

著　者　中　村　忠　之
発行者　山　本　　　継
発行所　㈱中　央　経　済　社
発売元　㈱中央経済グループ
　　　　　パブリッシング

〒101-0051　東京都千代田区神田神保町1-31-2
電話　03(3293)3371(編集代表)
　　　03(3293)3381(営業代表)
https://www.chuokeizai.co.jp
印刷／文唱堂印刷㈱
製本／㈲井上製本所

©2015
Printed in Japan

＊頁の「欠落」や「順序違い」などがありましたらお取り替えいた
しますので発売元までご送付ください。（送料小社負担）
ISBN978-4-502-13951-2　C3034

JCOPY〈出版者著作権管理機構委託出版物〉本書を無断で複写複製（コピー）することは，
著作権法上の例外を除き，禁じられています。本書をコピーされる場合は
事前に出版者著作権管理機構（JCOPY）の許諾を受けてください。
JCOPY〈https://www.jcopy.or.jp　eメール：info@jcopy.or.jp〉